本书是2017年江南大学重点项目"以'学习产出'为导向的大学英语翻译课程体系的构建与探索"的部分成果
（项目批准号：JG2017038）

认知翻译学：理论与应用

邢嘉锋　编著

图书在版编目(CIP)数据

认知翻译学:理论与应用/邢嘉锋编著. —苏州:苏州大学出版社,2018.12(2019.9 重印)
ISBN 978-7-5672-2660-9

Ⅰ.①认… Ⅱ.①邢… Ⅲ.①认知语言学-翻译学 Ⅳ.①H059

中国版本图书馆 CIP 数据核字(2018)第 293884 号

书　　名:	认知翻译学:理论与应用
编 著 者:	邢嘉锋
责任编辑:	沈　琴
装帧设计:	刘　俊
出版发行:	苏州大学出版社(Soochow University Press)
社　　址:	苏州市十梓街1号　邮编:215006
网　　址:	www.sudapress.com
邮　　箱:	sdcbs@suda.edu.cn
印　　装:	虎彩印艺股份有限公司
邮购热线:	0512-67480030
销售热线:	0512-67481020
开　　本:	890mm×1240mm　1/32　印张:6　字数:164 千
版　　次:	2018 年 12 月第 1 版
印　　次:	2019 年 9 月第 2 次印刷
书　　号:	ISBN 978-7-5672-2660-9
定　　价:	29.00 元

凡购本社图书发现印装错误,请与本社联系调换。服务热线:0512-67481020

Preface / 前言

从译作到译者、从成品到过程的转向，译者的翻译认知心理过程逐渐成为翻译研究的热点。翻译过程研究是描写性翻译研究的三大取向之一，涉及译者的心理活动，而翻译过程中译者大脑这个"黑匣子"的活动可以说是人类历史上最为复杂的问题。因此，翻译过程研究的进展相对来说比较缓慢。为了研究译者的心理过程和译者大脑的运作过程，研究者将认知科学的理论与研究方法引入翻译研究，这为翻译过程研究提供了全新的视角和理论模型，也为翻译过程实证研究提供了更为可靠和更具可操作性的数据收集方法。

翻译学与认知科学的结合促成了翻译认知研究或称认知翻译学（Cognitive Translatology）这一交叉学科的诞生。根据 Shreve 和 Angelone 所做的论述，从认知角度研究翻译将成为翻译研究的主要发展方向。（Shreve & Angelone 2010）

近年来，国内外翻译认知研究蓬勃发展，取得了较为瞩目的研究成果。（邓志辉 2011）Lörscher, Gutt, Danks et al., Olohan, Tirkonen-Condit & Jääskeläinen, Alves, Göpferich et al., Shreve & Angelone, O'Brien 等发表了有影响的专著或论文。王寅、王斌、肖坤学、谭业升、卢卫中、王福祥、颜林海、金胜昔、林正军等从不同角度对认知翻译学进行了系统的研究，成果丰硕。可以说，认知翻译学的研究呈现出一个百花齐放的局面。

本书对认知翻译学进行了一个较为系统的梳理和总结。全书由五章组成。

第一章为概述。重点从翻译研究的传统、翻译研究的发展和传统翻译观的不足之处等方面对翻译研究与认知的渊源进行了论述,指出在跨学科背景下翻译研究开始认知转向。

第二章梳理了认知翻译学的理论基础。指出认知翻译学以认知语用学(关联理论、顺应论)、认知语言学(含认知语义的隐喻、转喻、范畴化,认知语法的识解、突显原则与原型理论、认知参照点)、构式语法等为理论基础。本章还对翻译认知研究中的信息加工范式进行了分析。

第三章探究了认知翻译学的研究范式与方法。翻译学借助语言学、文论、哲学理论等不断丰富自身,建构了多种翻译理论,近几十年来取得了长足进步。随着认知科学和认知语言学的迅猛发展,翻译研究又有了新的研究范式和研究方法。本章从实证主义范式、自然主义范式和量化、质性研究方法几个方面探索翻译学的研究方法。

第四章是认知翻译学理论的应用研究。主要从翻译批评、生态翻译学、认知翻译学对翻译教学的启示三个方面对认知翻译学的实践状况进行了总结。越来越多的翻译批评研究开始重视对译者主体的考察,即从认知角度进行翻译批评。认知翻译学对翻译能力培养、翻译教学的课堂方式选择和教材的编写等都具有重要意义。

第五章是结语。本章主要对认知翻译研究的优势和不足之处进行了总结,并从研究理论、研究方法和研究对象三方面对认知翻译学研究进行了展望。国内认知翻译学研究取得了一定的成果,但是还存在一些问题,值得我们进一步思考。

在本书编著过程中,本人得到了江南大学外国语学院严敏芬教授的鼓励和帮助。在此表示衷心的感谢!

同时,本书还得到了江南大学校级重点项目的资助。本书的出版亦得到了此项目的经费支持。

  此外，还要感谢我的家人，是他们的鼓励和支持使已过不惑之年的我能够全心地投入本书的编写工作。

  本书在编写过程中参考了国内外大量书刊和业界的研究成果，在此谨向各方表示衷心的感谢！

  由于编著者水平有限，书中难免存在纰漏和不足之处，敬请各位读者予以指正。

邢嘉锋

2018年夏于江南大学小蠡湖畔

Contents / 目录

第一章 概述 / 1

- 1.1 翻译研究与认知的渊源 …………………………………… 1
  - 1.1.1 翻译研究的传统 …………………………………… 1
  - 1.1.2 翻译研究的发展 …………………………………… 2
  - 1.1.3 传统翻译观的不足 ………………………………… 5
- 1.2 翻译研究的认知转向 ……………………………………… 7
  - 1.2.1 认知和翻译的关联 ………………………………… 12
  - 1.2.2 认知翻译学的产生 ………………………………… 14
  - 1.2.3 认知翻译学研究的主要内容 ……………………… 17
  - 1.2.4 认知翻译学研究的方法 …………………………… 21

第二章 认知翻译学：理论 …………………………………… 22

- 2.1 理解认知翻译学 …………………………………………… 23
  - 2.1.1 认知翻译学的定义 ………………………………… 23
  - 2.1.2 认知翻译学的本质 ………………………………… 23
- 2.2 认知翻译学理论取向 ……………………………………… 25
  - 2.2.1 认知翻译与语用学理论 …………………………… 25
  - 2.2.2 认知翻译与认知语言学 …………………………… 30

2.2.3　认知翻译与信息加工 ………………………………… 62
　2.3　翻译的认知模型 ……………………………………………… 69
　　　2.3.1　三重互动体验 …………………………………………… 70
　　　2.3.2　视源语作品和译语作品为复杂构式 …………………… 72
　2.4　翻译认知加工 ………………………………………………… 73
　　　2.4.1　翻译认知加工单位 ……………………………………… 73
　　　2.4.2　翻译认知加工步骤 ……………………………………… 74

第三章　认知翻译学：范式与方法 ……………………………… 76
　3.1　认知翻译学研究范式 ………………………………………… 78
　　　3.1.1　实证主义范式 …………………………………………… 78
　　　3.1.2　自然主义范式 …………………………………………… 79
　3.2　认知翻译学研究方法 ………………………………………… 79
　　　3.2.1　量化研究方法 …………………………………………… 80
　　　3.2.2　质性研究方法 …………………………………………… 87

第四章　认知翻译学研究：应用 ………………………………… 93
　4.1　认知翻译学视野下的翻译批评 ……………………………… 94
　　　4.1.1　认知翻译批评三要素 …………………………………… 98
　　　4.1.2　认知翻译批评五步模式 ………………………………… 100
　4.2　生态翻译学 …………………………………………………… 103
　　　4.2.1　生态学范式与认知翻译学研究 ………………………… 104
　　　4.2.2　生态学认知翻译学研究方法 …………………………… 107
　　　4.2.3　生态翻译学的研究意义 ………………………………… 110
　4.3　认知翻译学对翻译教学的启示 ……………………………… 112

  4.3.1　认知翻译学和翻译教学 …………………… 113
  4.3.2　翻译能力：翻译课堂的具体目标 …………… 118
  4.3.3　当前翻译教学中翻译能力培养的缺失 ……… 124
  4.3.4　译者的翻译能力和认知活动在翻译过程中的体现
     ………………………………………………… 129
  4.3.5　认知翻译学对翻译能力培养的启示 ………… 133

第五章　结语 …………………………………………… 137
 5.1　认知翻译学研究的优势与不足 …………………… 138
  5.1.1　认知翻译学研究的优势 ……………………… 138
  5.1.2　认知翻译学研究的不足 ……………………… 139
 5.2　认知翻译学研究的展望 …………………………… 144
  5.2.1　研究理论 ……………………………………… 144
  5.2.2　研究方法 ……………………………………… 144
  5.2.3　研究对象 ……………………………………… 145

参考文献 …………………………………………………… 147

图表(图)

图 1.1　关于认知翻译的文章发表年份分布…………… 11
图 1.2　关于认知翻译的各种科研基金资助项目情况……… 11
图 1.3　关于认知翻译的文章发表学科分布…………… 12
图 1.4　翻译过程中的认知…………………………… 15
图 1.5　认知翻译观…………………………………… 16
图 2.1　顺应论对翻译活动的启示和指导意义………… 29
图 2.2　认知参照点模型……………………………… 47
图 2.3　认知翻译模式………………………………… 69
图 4.1　霍尔姆斯的翻译研究基本图示………………… 98
图 4.2　认知翻译批评的功能模式…………………… 103
图 4.3　以认知翻译学为指导的动态教学模式………… 126

图表(表)

表 4.1　认知主体的个体属性和社会属性……………… 99
表 4.2　翻译过程中的 ICM …………………………… 117
表 4.3　学生在翻译过程中的 CM ……………………… 117

第一章

概 述

1.1 翻译研究与认知的渊源

1.1.1 翻译研究的传统

翻译是人类跨文化的交流活动,是推动人类社会进步最重要的手段和途径之一。对我国的学者而言,尤其要注意翻译对中国文化的重要性,季羡林先生深刻地认识到了这一点:"倘若拿河流来作比,中华文化这一条长河,有水满的时候,也有水少的时候,但却从未枯竭。原因就是有新水注入。注入的次数大大小小是颇多的。最大的有两次,一次是从印度来的水,一次是从西方来的水。而这两次的大注入依靠的就是翻译。"(许钧 1998)毫无疑问,人类的进步,离不开译者积极的翻译实践。而翻译研究较之于翻译实践,其意义应该是不言而喻的。翻译理论研究和探讨翻译固有的内在规律,发现翻译过程中经常出现的问题,并寻求解决途径。研究翻译理论,可为翻译中遇到的各种困难提供某些解决的办法。换言之,翻译理论的可贵之处在于能用来指导翻译实践,提高翻译质量。翻译研究的必要性由此可见一斑。I. A. 理查兹(Ivor Armstrong Richards)曾说过,翻译很可能是宇宙进化过程中产生的人类最复杂的一类活动。它的复杂性必然对我们的研究构成挑战,要求我们的研究不断地向纵深的方向发展并且有所创新。

然而，长期以来，译论研究并没有得到足够的重视。当然，这并不说明翻译没有理论研究的必要，刘宓庆在《当代翻译理论》一书的《绪论》中阐述了译论的三个职能：认知职能，也就是翻译理论的启蒙作用；执行职能，也就是翻译的能动性和实践性；校正职能，也就是翻译理论的规范性和指导性。（刘宓庆 2003：2—3）这些观点在为翻译理论正名的同时，也为翻译研究的必要性提供了理论支撑。

1.1.2 翻译研究的发展

语言是人类沟通思想、交流文化的工具。综观整个人类历史，语言的翻译几乎同语言本身一样古老。无论是在一个国家或一个民族内，还是在众多的国家或民族间，只要语言文字不同，就离不开翻译。翻译的历史，从人类使用不同语言进行交流的那一天就开始了。

中国是个古老的多民族国家，具有悠久的翻译历史。季羡林曾言："无论是从历史的长短来看，还是从翻译作品的数量来看，以及从翻译所产生的影响来看，中国都是世界之'最'。"（季羡林 2007：8）

我国翻译理论的发展，基本上与翻译史相对应。王宏印将中国传统译论的发展分为四个阶段：肇始阶段、古典阶段、玄思阶段、直觉阶段。（王宏印 2003：221）如果按照中国文化的社会历史分期，又可分为古代部分、近现代部分、当代部分。其中，古代部分对应于肇始阶段，近现代部分对应于古典阶段和玄思阶段，而当代部分则对应于直觉阶段。

始于东汉止于宋朝的佛经翻译开创了中国历史上的第一个翻译高潮。这一时期，以佛经翻译实践为依托，以译经序言为主要形态，形成了关于佛经翻译的初步的理论探讨，被称为中国传统译论发展的肇始阶段。（王宏印 2003）其中最重要的译论包括：支谦的《法句经序》，道安的"五失本三不易"，鸠摩罗什的"西方辞体"论，慧远的"厥中"论，彦琮的"八备"说，玄奘的"五不翻"，赞宁的"六例"，等等。通过研究，我们可以发现这些理论虽然语焉不详，条目众多,但基本涵盖了翻译的方方面面,涉及本体论、主体论、文本论、方法论等诸多问题。而且,从一开始这些译论就深深地根植于中国传统文化土壤之中,与我国传统文论息息相通,为中国传统译论的发展划定了方向。

晚清时期,面对西方各色思想文化潮流的涌入,中国一部分先进知识分子为了救国保种,开始了向西方寻求真理的历尽艰辛的征程。在这样一个双向流动的历史进程中,翻译活动日益频繁,翻译理论的探索也带有显著的时代特征。这一阶段被称为中国传统译论发展的古典阶段。该阶段"以借鉴中国传统修辞写作理论和西方语言学理论为主体,试图找到和建立中国译论的基本思路"(王宏印 2003:221)。这一阶段虽然"理论化和操作化倾向均较前为甚,有制订翻译规则之企图"(王宏印 2003:221),可仍是对前阶段理论的继承和发展,其中最重要的理论是严复基于传统写作理论的"信、达、雅"三字诀。严复在《〈天演论〉译例言》中写道:"《易》曰:'修辞立诚。'子曰:'辞达而已。'又曰:'言之无文行之不远。'三者乃文章正轨,亦即为译事楷模。"(罗新璋,陈应年 2009:202)"信、达、雅"在作为"译事楷模"的同时亦是"文章正轨"。由此可见,严复确实是用传统文论来论述翻译,把翻译当作"文章"来经营的,尤其是"三者乃文章正轨,亦即为译事楷模",明确宣示了翻译是要作传世之文。

到了民国时期,文坛和译坛人才辈出,这是我国译论取得较大进步的时代。这一阶段最突出的特征是"以借鉴哲学原理介入翻译理论的研究,或者把翻译问题哲学化,以求解决翻译是否可能的问题,企图建立翻译的哲学基础"(王宏印 2003:221)。这一阶段因此也被称为中国传统译论发展的玄思阶段。其中最重要的理论包括胡以鲁、容挺公、章士钊和朱自清关于译名"音译"和"义译"问题的论争,贺麟关于翻译可能性的论证,以及金岳霖论"译意"与"译味"。他们主要围绕翻译是否可能或可译性问题进行哲学化思辨,论题并没有超出传统文论范畴。例如,贺麟曾针对"言意之辨"的传统思维模式进行反驳。他认为:"言虽不能尽意,言却可以表意。文虽不能尽道,文却可以载道。盖言为心之声,亦即言为意之形。……意与言或道与文是体与用、一与多的关系。言所以宣意,文所以载道。意与言,道与文之间是一种体用合一,而不可分的关系。故意之真妄,道之深浅,皆可于表达此意与道的语言文字中验之。"(罗新璋,陈应年 2009:518)

传统译论发展到当代,其显著特征是译论与国学密切结合,不仅从传统文论入手论翻译,更从国学各方面论述翻译。王宏印称这一阶段为直觉阶段,认为"(该阶段)以回归中国传统文艺学的直觉思维方法为理论源泉和思辨特征,尤其注重借鉴语源学资料和关注语言问题,名义上试图融合东西之学,实际上乃是回归国学的根本"(王宏印 2003:221)。笔者认为"回归"二字或许不恰当,传统译论的发展一脉相承,一直以来并未跳出国学范畴,只是这一阶段在论及意境、形神、风格等问题时,将国学的"诗论""画论""书论"等移植到翻译理论构建中,其核心仍是围绕翻译转换问题,把标准和方法融为一体,且侧重于文学翻译本质的讨论。

该阶段最重要的理论包括钱锺书的"化境"说和傅雷的"神似"说。以傅雷的"神似"说为例。傅雷早年曾在巴黎大学专攻艺术理论,在绘画艺术方面颇有造诣。当他作为翻译家论及翻译时,以"画论"述翻译,提出了"重神似不重形似"的观点。他在《〈高老头〉重译本序》中说:"以效果而论,翻译应当像临画一样,所求的不在形似而在神似。"(罗新璋,陈应年 2009:623)

傅雷的翻译思想主要有三个方面:首先,选材要符合社会发展及读者的需要;其次,翻译只有忠实于原著了才能忠实于读者;最后,表达要传神达意。在傅雷看来,好的译文读起来就像是作者本来就是用汉语写的一样,看不出有翻译的痕迹,言辞、意义甚至文章的气质都与原文相同。但傅雷提出的"重神似不重形似"不是要置形式于不顾,更不是主张不要形式,而是神依附于形,形神一体。

钱锺书先生提出的"化境"说主要源自对林纾译文的评价。他在《林纾的翻译》一文中提出,把作品从一国文字转变成另一国文字,既不因语文习惯的差异而露出生硬牵强的痕迹,又能完全保存原作的风味,才算入了化境。钱锺书的翻译标准主要有两个方面:一是译文通顺,读起来不像译文;二是保留原作精髓,使译文不走样、不失真。他认为翻译的功能在于贯通中西,达到不隔的状态。因此,换个角度讲,钱锺书提出的"化境"不是翻译的标准,而是翻译的最高境界。

1.1.3 传统翻译观的不足

传统翻译理论虽然历史悠久,取得了一定的成果,但不可否认的是,它们具有多方面的历史局限性。

1. 对翻译的重视低于原作

中国传统翻译理论在认识论上有缺陷,长期以来研究范围过于狭窄,导致翻译理论探讨在一千多年中一直处于相对封闭的状态,发展相当缓慢。比如,我国的传统翻译理论一向都重视原作,将译文看作原著的附庸,而非译者的再创作。传统观念认为翻译是一种模仿,是缺乏创造的产品,文化价值远低于原创作品。尽管翻译是作者的再创造,有很高的文艺性,也是我国文化甚至世界文化的重要组成部分,但是我国传统文化界及大部分学者并不重视翻译研究。

2. 研究对象相对狭窄,带有明显的封闭性,缺少基本的翻译理论体系

传统翻译理论的研究方法陈旧而又难以改变。中国文化中意识形态的保守决定了翻译研究系统的滞后,中国翻译研究的中心至今仍停留在应用研究的层次。换句话说,传统翻译理论家多将注意力放在翻译的语言层面,即直译与意译的方法,译者的语言能力与技巧,等等。研究对象仅限于翻译活动本身,而且研究仅集中在语言文化这个

体系内，只关心译文的文学性和选词造句的问题。从东汉开始，中国在近两千年的翻译实践活动基础上，形成了一套传统的分析理论体系，这个体系以翻译实践为本，理论的核心内容是翻译的标准和原则。传统翻译理论的薄弱之处在于古典和近代译论家通常局限于传统文艺美学的方法论，注重宏观描述而缺乏对译作和翻译过程的微观剖析，并且对许多价值观念都未予以科学系统的界定。

传统翻译理论的主观性、模糊性和印象性太强，翻译理论家们常常各抒己见，内容过于空泛。由于缺乏科学的论证形式，翻译界常常陷于诠释性的相互争论之中。翻译理论家对翻译的概念和标准各持己见，论者和译者往往无所适从，致使翻译理论缺乏本应具有的实践意义。

综上，传统的翻译带有明显的封闭性，严重制约了我国翻译理论的发展，而且传统的翻译缺少系统的翻译理论，只是以点带面，将某些基于经验和语言分析的论断泛化，这也不利于我国翻译水平的总体提高。

3. 强调总体把握和模糊形象思维，缺少分析和科学论证

中国的翻译理论根植于中国传统文化和古典美学，主要围绕是否同原著相似的角度展开研究，以归化翻译为主，因而强调总体把握和模糊形象思维。中国翻译研究对象的狭窄性，也导致提出的观点都是经验式的随笔文章，缺少分析和科学论证。

传统翻译理论历史悠久，虽然它们具有多方面的历史局限性，但它们依然是中国文化和世界文化的宝贵财富，我们应当视若珍宝，矢志于阐发和开拓性继承。我们既要尊重翻译技巧在翻译研究中的地位，又要反对把对翻译技巧的探索看作翻译研究的全部；同时，我们既不能忽视作者和原作在翻译中应有的地位，又要重视译者在翻译过程中能动性的一面和读者视野对翻译的作用。此外，我们不仅要正视语言在翻译中的基础性地位，同时又要跳出语言转换的单一视界。

综上所述，中国学者的学术与思维传统重技轻道，即讲究理论的

第一章 概述

实用性而疏于细致论证。西方翻译理论则与之相反。自20世纪60年代起西方翻译就有了理论和学科意识,从而进入了翻译研究的理性发展阶段,一大批翻译理论家自觉地将翻译理论融入翻译批评的研究。目前,传统翻译理论研究者亟须改变思维方式,立足于中国翻译实际,同时吸取西方翻译理论的精华,发展自身的优势,力争形成原创性成果,只有这样才能使中国翻译研究走上良性发展的道路。在这种情况下,学习西方翻译理论的优势和长处,弥补中国翻译理论的不足,从而为创建符合中国翻译现状的理论构架打好基础,已经成为中国翻译研究的当务之急。

1.2 翻译研究的认知转向

20世纪以来,科学的一个重要发展趋势是与技术的融合及科学、技术与社会的相互渗透,这使科学更加变成了一项社会综合事业和工程,以至于不通过跨学科研究的方式,就不会有真正的科学突破。学者克莱恩指出:"边界跨越已经成为这个时代的明确特征。"(熊沐清 2013:15)这种跨越的呈现方式就是"界面研究"。

董洪川(2012:3)认为:"外语学科的'界面研究'至少应该包含两个重要的向度:一是外语学科内部的'界面研究',即在外语(更多情况下是一种外语)学科的不同领域之间展开'跨界研究',譬如语言与文学、语言与翻译、语言与文化、文学与翻译等;二是外语学科与其他学科的'跨界研究',譬如语言与认知科学、语言与哲学、文学与社会学、文学与科学、语言与科学、文学与人类学、文学与传播学、文学与环境学等。"

20世纪中后期以来,随着西方译学出现从译作到译者、从成品到过程的转向,翻译界开始引入认知科学的概念和方法来研究译者的心理过程,从而实现"跨界研究"。这种跨界作业可以打破学科之间的壁垒，从多个视角切入译者的思维、译品的产生、译作的接受，可以更科学地解释翻译现象。

认知科学为研究译者大脑的运作过程和建立翻译过程实证模式提供了极有价值的方法和灵感，为翻译研究带来了全新的学科视野；而对翻译认知过程的研究也逐渐成为认知科学一些分支学科的重要课题。

霍姆斯把描述翻译研究分为三个路径，即译作、功能与过程。(Holmes 2000：172)译作的接受、翻译的功能问题一直是研究的热点，研究成果也层出不穷。但是，翻译过程研究因为涉及脑科学，导致很多学者望而却步，所以霍姆斯感叹说："译者大脑这个小黑匣子里面所发生的情况，恐怕是人类历史上最为复杂的事件。"(肖开容，文旭 2012：5)。可喜的是，认知革命引发了许多学科的认知转向，也就是将自身的研究与认知科学结合起来，从认知科学中汲取灵感、方法和研究范式。(熊沐清 2015：2)翻译学与认知科学的"联姻"也已蔚然成风。进入 21 世纪以来，翻译学与认知科学之间的结合态势日益明显，并取得了卓著的成果。(邓志辉 2011)

我国学者张泽乾（1988）分别从语言学和信息论角度论述了翻译过程，且重点分析了美国著名翻译家 Nida 翻译模式中"分析、传译、重构"的心智加工过程。蒋素华（1998）介绍了德国学者 Lörscher（1991）运用心理语言学方法研究翻译过程的观点，文中也述及了 TAPs 方法（具体见 3.2.1）。颜林海（2008）在其专著中也专辟一节论述了国外对翻译过程的研究简史。

翻译理论研究一直是国内外翻译界炙手可热的研究热点，而 21 世纪认知语言学逐步成为主流学派，这一事实对翻译学科产生了重大影响，并形成了新的边缘学科——认知翻译学(Cognitive Translatology，以下简称 CT)。

认知翻译学是指基于认知科学，尤其是认知心理学和认知语言学理论的翻译研究，研究者借助认知科学的理论和方法来解释翻译现

第一章 概述

象,揭示口译、笔译的认知过程,包括译者的心理过程,进而揭示翻译的本质和规律。因此,可以说认知翻译学是翻译研究的一种新途径和新范式,是一门将认知科学+认知语言学与翻译学紧密结合的新兴边缘学科。

翻译研究的认知转向可以追溯到 Bell(1991)对翻译认知心理的研究。由 Danks 等(1997)编辑出版的 *Cognitive Processes in Translation and Interpreting*(《口笔译认知过程》)是翻译研究的认知转向过程中认知科学与翻译研究结合道路上重要的"中转驿站"(邓志辉 2011)。

Chesterman(1998,2000)以文本为内容的认知性研究,区分了翻译研究的比较模式(源文本与译本比较)、过程模式(研究译者从接受任务、分析源文本、语码转换、译文重构、修改直至交稿的过程)和因果模式(研究译文形成的原因、取得效果的原因乃至人类复杂翻译活动如何得以完成)。Chesterman 的这一翻译模式理论对译学研究很有意义,也有较为广泛的影响,引起了不同国度译学学者的关注,他们纷纷撰文对此进行讨论。2000 年,Maeve Olohan 编著了 *Intercultural Faultlines—Research Models in Translation Studies I: Textual and Cognitive Aspects*〔《超越文化断裂——翻译学研究模式(I):文本与认知的译学研究》,2006 年由外语教学与研究出版社再版〕,该书集中了一些有代表性的相关研究,从而让读者更为系统和深入地了解了 Chesterman 的模式理论。正如该文集副标题所示,Chesterman 的模式理论是以文本为内容的认知性研究。书中共收录来自欧、美、澳及其他国家与地区译学研究者的英文论文 16 篇,虽然所选论文角度多样,但是都以模式理论为核心,并突出了对翻译活动的认知研究。

2010 年,Shreve & Angelone 编著的文集《翻译与认知》是《口笔译认知过程》的姊妹篇。该文集认为,翻译的未来方向是从认知角度研究翻译,且在近期将会硕果累累。(Shreve & Angelone 2010)在该文集中,Halverson(2010:353)正式提出"认知翻译学

(Cognitive Translation Studies)"与"认知翻译学者（Cognitive Translation Scholars)"的概念，并指出必须明确地沿着认知理论向前发展翻译学；西班牙翻译家 Martin（2010：169）使用了"认知翻译学（Cognitive Translatology)"这一术语，但她认为当前认知翻译学作为一门学科尚处于起步阶段，属于"前范式（Pre-paradigm)"阶段。与该术语类似的英文表达还有：cognitive translation theory，cognitive theory of translation，cognitive approaches to the study of translation 等。（王寅 2012）

严格来说，我国当代认知翻译学研究开始于 20 世纪 80 年代。最早是对认知语用学中关联理论及顺应论的探讨与研究。后来，随着认知语言学的深入发展，我国学者也顺应国际认知翻译学研究的潮流与趋势，逐步将认知语言学与翻译结合起来进行研究与探讨。将认知语言学理论与翻译研究衔接，是翻译领域在实现理论性、解释性、可评性等方面的突破。国内相关的研究课题主要包括对认知语言学翻译观的研究（蔡龙文 2010；董顺琪 2005；侯敏，张妙霞 2011；李弘，王寅 2005；王寅 2005；吴义诚 2000；肖建军，王志军 2000；张蓊荟 2006）、隐喻理论与翻译研究（陈道明 2002；陈振东，杨会军 2007；冯立新 2005；石英 2005；谭业升，葛锦荣 2005；肖坤学 2005；于艳红 2005）、关联理论与翻译研究（李寅，罗选民 2004；廖冬芳 2007；孙桂英 2006；谢新云，戈玲玲 2008）、图示理论与翻译研究（彭建武 2000；彭开明等 2006；肖辉等 2005）。孟志刚和熊前莉（2012）正式提出了翻译研究的"认知转向"。

如今，认知翻译学已经在理论与实践、关联理论、顺应论、隐喻和转喻的翻译等多个领域取得了可喜成绩。据中国知网（CNKI）统计，关于认知翻译的文章发表年份分布如图 1.1 所示。

第一章 概述

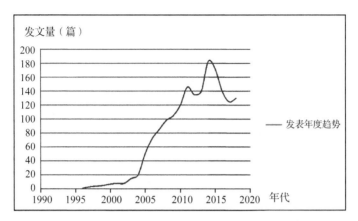

图 1.1 关于认知翻译的文章发表年份分布

而各种科研基金项目分布则较为集中,如图 1.2 所示,绝大多数为国家社会科学基金资助的项目。

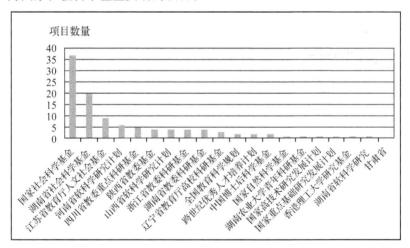

图 1.2 关于认知翻译的各种科研基金资助项目情况

而从学科分布来看,发表在外国语言文学、中国语言文字学科杂志上的占比高达 85%,如图 1.3 所示。

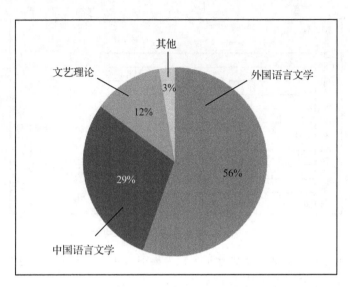

图 1.3 关于认知翻译的文章发表学科分布

如上文所述,认知翻译学借认知科学的理论和方法来解释翻译现象,揭示翻译的认知过程,进而揭示翻译的本质和规律。

1.2.1 认知和翻译的关联

何为认知?认知(cognition)是一种心理表征过程,是人通过一定的方式和手段获得知识和经验的心理过程,是人们在特定的环境中以特定的目标为方向处理信息的心理过程。(周明强 2005:151)

认知科学的发展引发了语言研究者对语言的重新认识,语言研究者把语言置于人的认知框架中进行考察,认为语言是认知的产物,这种认识也触发了以语言为对象的翻译研究的新变化。翻译研究超越了传统的译学理论藩篱,开始深入研究翻译过程的主体认知问题,亦即从认知的角度重新审视翻译范畴下的各种现象和本质,于是出现了翻译认知学派。该学派所采用的认知心理研究视角从纵深方向拓展了翻译研究的范畴,证明了翻译的认知属性。

不同语言之间的翻译活动从根本上讲是一种基于认知主体的体验

第一章 概述

的认知活动。翻译的过程从本质上看是心理的、认知的,它不仅表现为源语输入和译语产出这一外在的言语行为和言语事实,而且也反映了译者语际转换的内在心理机制和言语信息加工的认知过程。(刘绍龙 2007:前言)根据邱文生(2010)的研究,翻译的认知属性主要体现在三个方面,即翻译具有认知依赖性,翻译是一种认知行为,翻译是一个认知过程。

认知翻译学研究的方法论源于认知科学,而认知科学的产生得益于信息科学、语言学、心理语言学、认知心理学和人工智能的研究成果。正是在这些相关学科的推动下,一些科学家将研究人的认知的几个独立学科如心理学、人工智能、认知论等综合在一起,便形成了认知科学这门新的综合性交叉学科。

与翻译研究密切相关的认知科学分支学科主要包括心理学(尤其是认知心理学)和认知语言学(Cognitive Linguistics,以下简称 CL)。认知心理学是心理学的一个分支,是以信息加工观点为核心的心理学,因此又称"信息加工心理学"。该学科以认知为研究对象,其研究目标在于解释人在认知活动时的信息加工过程。心理学(或认知心理学)与翻译研究相结合,便产生了"翻译心理学"(如刘绍龙 2007)或"翻译认知心理学"(如颜林海 2008)。该交叉学科主要关注人类感知系统、记忆系统、知识表征、注意、推理、信息加工、问题解决等不同认知能力或要素在翻译的语言理解和生成中的作用,涉及的核心问题包括译者的双语表征、翻译的语义通达模式和信息加工过程模式等;翻译的心理学研究旨在发现译者的可观察的外在行为。(谭业升 2012b:12—13)

认知语言学是语言学的一个学派,它以人们对世界的经验及人们感知这个世界并将其概念化的方法、策略作为基础和依据而进行的语言研究。(张敏 1998:3)该学派倡导,语言研究应以基于信息加工观点的认知心理学为理论背景,以人工智能的语言信息处理为导向,重视对语言的认知加工过程和语义信息处理的微观机制进行研究。

(邱文生 2010：4—5）王寅（2012）认为，运用认知语言学的核心原则来对比两种语言之间的异同，并发现其背后的认知机制，有利于人们从认知的角度进行语言对比，从而更深刻地认识翻译过程。

由此可见，心理学（或认知心理学）和认知语言学是认知翻译学研究的理论基础，而翻译心理学（或认知心理学）和认知语言学的认知翻译研究则为认知翻译学的建立奠定了学科基础。换言之，认知翻译学正是在翻译心理学（或认知心理学）和认知语言学的认知翻译研究等跨学科理论基础上逐渐建立起来的，其关注的研究对象超越了这些学科，涵盖翻译过程中所涉及的各种认知要素，主要包括翻译的信息加工模式、加工策略、加工单位、翻译能力、翻译专长和译者认知努力等内容。

1.2.2　认知翻译学的产生

Martin（2010：177）认为翻译是一种"创造性模仿"。据说，他受到了 Langacker（1987）"理解具有创造性"这一观点的影响。说翻译具有模仿性，是因为翻译毕竟是翻译，它还不同于原创作品，要尽量真实地传递原作者和原作品的原信息，将译出语的思想用译入语"模仿"出来，即译界所说的"再现性"。

说其具有创造性，是因为在翻译的模仿过程中不可能做到完全模仿，译者主体性地位毋庸置疑。我们知道，翻译首先是个理解问题，而根据后现代哲学的观点，理解并不是按照原样解码符号所传递的信息，而是必然要烙上理解人的主观因素。甚至还有后现代学者认为符号本身无甚意义，是读者赋予符号以意义。因此，不同人对待同一语句就会有不同的理解，这就是 Langacker 所说的"理解具有创造性"。据此，翻译必然会具有创造性。（王寅 2005）我们认为，翻译中既有客观因素，又有主观因素；既要模仿，又要创造，在模仿的多个维度上允许有各种差异。这样，翻译一方面要传递原作者的信息，另一方面也不可避免地烙上了译者的立场和观点，这就是王宁（2011）所说的"再现性改写""创造性再现""相对创造性""超越字面的'信'""创造性忠实",追求"人本主义"与"文本主义"之间的平衡,当取"解构兼建构"的思路。借用上文述及的 CL 核心原则对其做出合理解释,见图 1.4。

A:现实——认知——语言
↓
B:现实——认知——语言

图 1.4　翻译过程中的认知(王寅 2012)

A 和 B 两民族基于对自己所在的现实世界进行"互动体验"和"认知加工"之后分别形成了语言 A 和 B,在将 A 语言翻译为 B 语言时,要考虑 A 语言背后的认知机制和现实社会等因素,同时又要兼顾 B 语言背后的认知机制和现实社会等因素,完全对等的翻译并不存在,完全不能翻译的东西在理论上也是没有的。因为我们都生活在地球这个现实世界中,且人的感知器官完全相同,这就决定了我们的思维方式必有若干共通之处,否则我们就不能相互交际,翻译也就成为一种虚无缥缈的玄幻之物。据此,王寅(2005)提出了"体验普遍性"观点,此观点是人类能够互相理解和翻译的大前提。当然,各个民族也有自己认识世界的习惯方式和文化模式,这就决定了各语言表达中必然有自己的特色。正如 Martin(2010:177)所指出的,翻译通常包含"模仿原作",但模仿常常是行不通的,不仅是由于语言的差异,也因译文在新的交际环境中为不同受众所用,此时就不得不采用意译或其他办法进行变通处理了。因此,学习翻译,就是学习如何通过模仿,且在常规限制下开发创造力。(Toury 1988)一般说来,在地缘上靠近的民族,他们之间的语言差异可能会小一点;在地缘上离得远的民族,语言差异就会较大。如图 1.4 所示,左端的"现实"中还蕴含社会文化因素,若其差异较大,必然会导致后两个要素"认知"和"语言"产生较大的差异。如中国与英国分属东西文化,两国语言分属汉藏语系和印欧语系,它们之间的翻译就比在英语和法语之间的互译要难。

近年来,国内学者也展开了大量的认知翻译研究,其中王寅的研究是众多研究中较为系统和权威的,王寅提出了明确的认知语言学的翻译观,构建了认知翻译学的理论体系和框架。

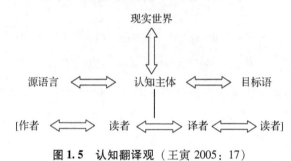

图 1.5 认知翻译观 (王寅 2005:17)

王寅(2005,2007)提出了"认知语言学的翻译观"(或"翻译的认知语言学模式",如图1.5),认为翻译是以现实体验为背景的认知主体(作者、读者、译者)所参与的多重互动作用为认知基础的,读者兼译者在透彻理解源语语篇所表达出的各类意义的基础上,尽量将其在目标语言中表达出来,在译文中应着力勾画出作者所欲描写的现实世界和认知世界。这一翻译观主要包含了六个观点:翻译的体验性(翻译主要是一种基于体验的认知活动);翻译的多重互动性(翻译是建立在多重互动基础之上的一种认知活动);翻译的创作性(翻译是基于对原文语篇或相关知识的体验和认知来理解其各类意义的,将译者视为认知主体就必须承认译者的思维具有创造性);翻译的语篇性(翻译主要是以语篇为基本层面的,主要是就其整体性而言的,语句中的各类意义受约于语篇的整体意义);翻译的和谐性(在翻译过程中应当兼顾作者、文本、读者这三个要素,充分考虑这三者之间的协调性,倡导体验认知观统摄下的和谐翻译原则);翻译的"两个世界"(翻译主要应当尽量译出原作者和原作品对两个世界的认识和

第一章 概述

描写,客观世界和认知世界是语篇生成的基础,语言中的词句也都反映了这两个世界)。

认知翻译观强调翻译的体验性,认为体验性是翻译的认知基础。同时,认知翻译观认为翻译具有主观性和创造性,并以此来消解过于强调"作者中心论"或者"文本中心论"的倾向。

王寅(2008)阐述了认知语言学的"体验性概念化"对翻译中主客观性的解释力,进一步论述了翻译中的客观性和主观性,研究将Langacker的意义"概念化"修补为"体验性概念化",并以此为理论出发点分析了同一文本的不同英语译文所存在的同和异,论述了翻译的客观性和主观性,并在理论上对其做出了解释和框定,探索它们在翻译活动中的主要体现。

王寅(2012)简述新兴的认知翻译研究学科的两大理论来源(认知科学和认知语言学),且重点论述其基本观点与应用:认知语言学核心原则、范畴化、突显原则和原型理论、隐喻和转喻、参照点、翻译的构式单位、识解、基于用法模型、数法并用等,从认知角度为研究翻译理论注入了新的活力。

1.2.3 认知翻译学研究的主要内容

认知途径的翻译研究者认为,翻译研究的注意力应放在对翻译过程的客观描述上,对译者的大脑活动进行认知研究。(Lörscher 2005)在他们看来,翻译本质上就是一个信息加工过程。因此,译者在翻译过程中采用的信息加工模式、加工策略和加工单位便成了认知途径翻译研究的主要内容。(颜林海 2008:6)除此之外,翻译能力及其习得、翻译专长以及译者认知努力等方面也是认知途径翻译研究的重要内容。学界如颜林海(2008)对认知翻译学研究的前三种内容,即翻译加工模式、翻译策略和翻译单位进行了详述;卢卫中、王福祥(2013)就后三种内容,即翻译能力及其习得、翻译专长、译者认知努力做了概述。

1.2.3.1 翻译能力及其习得

认知翻译学研究视域下的翻译能力研究摒弃了传统的理论思辨研究范式，采用实证研究的方法，对翻译能力进行定性、定量研究，着力对翻译能力的构成、习得及发展等进行客观描述。翻译能力习得过程与评估研究小组（PACTE Group）构建了翻译能力的整体模型（PACTE 2000），并在一系列实证研究的基础上将翻译能力界定为从事翻译必需的基本知识体系。该体系由五个翻译次能力（双语能力、语言外能力、翻译专业知识能力、工具能力和策略能力）和一个心理生理部分构成，其中策略次能力最为重要。（PACTE 2011）Göpferich 主导的"翻译能力项目"则把翻译能力分为六种次能力，包含双语交际、领域知识、精神运动、工具使用、翻译常规知识激活和策略这六方面的技能，其中工具使用能力、翻译常规知识激活能力及策略能力最为重要（Göpferich 2009；Göpferich et al. 2011）。认知途径的翻译研究者在构建翻译能力模型的同时，还致力于翻译能力发展或习得过程方面的研究，并已取得显著进展。（参见 Shreve 1997；PACTE 2000；Göpferich 2009 等）翻译能力的习得依赖于各种次能力的发展及其相互之间的整合；而各种次能力的发展与整合不仅需要积累陈述性知识，更依赖译者对现有知识的重构。

1.2.3.2 翻译专长

专长（expertise）最早是人工智能（Artificial Intelligence，简称 AI）及人机工程学领域关注的话题，后来逐渐受到认知心理学和教育学领域的关注。专长是指拥有不同于常人或新手，且专属于某领域的一类特殊能力。专长需要经过大量有目的的训练而获得。（Ericsson 2006；Ericsson & Charness 1994；Ericsson, Krampe & Tesch-Römmer 1993）

Ericsson（2006：3）将专长定义为特定领域内稳定的完美表现。Kellogg（2006）认为，在某一领域具有 10 年或者 1 万小时的实践经历方能称为具有某种专长，专长的发展需要特别的训练。大量的研究

第一章 概述

发现,专家的这种专长优势往往局限于其熟悉的领域,超出其特定领域知识也就表现得与新手无异。(Bilalić, McLeod & Gobet 2009; Chase & Simon 1973; Gobet & Simon 1996; Simon & Chase 1973)

一般来讲,从新手到专家需要经过三个阶段:第一阶段,个体开始涉足该领域,从事有计划的训练;第二阶段,个体在该领域活动的训练量逐渐增加,并有较好的训练条件,如教师、设备、经济支持等;第三阶段,个体开始能以该领域专家的身份来谋生或全身心地投入该领域活动。在此基础上,要达到杰出行为水平,还得有另外一个阶段,即个体超越教师,在该领域内做出创造性贡献的阶段。(Ericsson & Charness 1994)

聚焦译者大脑思维、描述和探索翻译认知过程的认知翻译学近年来成为翻译的重点领域(Shreve & Angelone 2010:2),其研究对象包括译者认知过程的方方面面,如认知加工模式、认知负荷、翻译决策、翻译技能与专长等(卢卫中,王祥福 2013:608)。其中,翻译专长(translation expertise)是继2001年认知科学专长理论引入翻译能力研究后的新视角,它在定义上区别于传统的翻译能力概念(Dimitrova 2005:16),对探索翻译行为的专家表现形式与特征、翻译能力的发展途径、翻译培训与教学等都有显见的理论与应用价值,因此有学者认为,"对翻译专长的研究应列为认知翻译学的头等大事"(Muñoz 2010:178)。

2001年,翻译学权威期刊 Interpreting 发表了认知科学家 Ericsson(2001)讨论口译能力的一篇文章,文中首次正式使用"专长"(expertise)来指代口译专家拥有的口译技能,标志着翻译学与认知科学在翻译能力研究上双方视角的正式融合,开启了译界从认知视角研究翻译能力的旅程。"翻译专长"概念的引入将翻译能力研究正式纳入认知翻译学的领域,并借助认知科学的研究工具、研究方法、研究思路和知识体系,大大扩展了翻译能力研究的视野,使这一传统的翻译概念在认知理论视域下获得全新的理论生命。(邓志辉 2018)

专长研究可分为绝对专长研究和相对专长研究,目前的翻译专长研究主要是指相对专长研究。(Chi 2006:21—23)

翻译专家与新手的行为差异的根源在于认知资源的组合方式与质量的不同。Shreve（2002:161）指出,专家与新手间的关键差异不在于认知资源数量,而在于储存了什么类型的知识及以何种方式储存、表征和提取知识。这种认知机制的差异导致专家与新手在翻译行为的诸多方面呈现不同模式,尤其表现为翻译行为的自动化、问题解决模式、认知单位、策略选择与应用等方面的差异。新手或学生仅储存有语义等事实性领域知识,即陈述性知识;专家则更多储存事件性领域知识,即程序性知识。

相关研究表明,在处理相同翻译任务时,专家译者比翻译新手付出的认知努力更多,工作更辛苦。Gerloff（1988）把该现象称为"翻译工作不会愈来愈容易"现象。专家译者擅长本领域的翻译任务,但译者专长对其领域之外的翻译任务并不起作用。(Ericsson 2006)

在问题解决模式上,新手倾向于将翻译任务整体解构后,从字、词、句的层面进行认知处理,寻求解决方案,而专家则往往在句、段、篇等更抽象概括的层面进行认知处理,具体可表现为在段落或语篇层面理解单词或单句意义,翻译时更灵活地处理各层级语义结构形式及其位置,等等。(Angelone 2010) 这可能是因为专家译者在多年的领域知识积累过程中获得某种特殊的复杂认知机制,在辨识、表征领域问题时与新手有异。(Göpferich 2013；Muñoz 2014；Yudes et al. 2011)

1.2.3.3　译者认知努力

神经影像学和心理生理学的相关研究表明,当新颖的、出乎意料的外部刺激与现存表征匹配失败或者期望落空时,该刺激的加工资源会自然增加。翻译过程中译者如何保持自动加工与努力加工之间的平衡以及这一平衡在翻译新手成长为专家译者过程中的变化情况,已成为翻译研究的重要课题。(Shreve 1997) 译者的加工努力与翻译任务的性质、完成任务的时间限制、翻译能力、工作记忆能力、注意力分配能力及主题领域知识等要素之间表现出一定的相关关系。一般认为，对原文注视时间的增加意味着译者认知努力的增加。（Rayner & Sereno 1994；Jakobsen & Jensen 2008）此类研究话题主要包括以下三个方面：隐喻翻译与译者认知努力之间的关系（Sjørup 2011），视译任务中认知努力、句法断裂与视觉干扰之间的关系（Shreve，Lacruz & Angelone 2010），翻译过程中注意力在原文与译文间的分布情况等（Jensen 2011）。

1.2.4 认知翻译学研究的方法

Chesterman（2000）认为，翻译研究的方法主要受研究对象所呈现方式的影响，如是口译还是笔译。在具体文本和认知性研究中，主要探讨在这些研究路径下是何种翻译模式在发挥着作用，是比较模式，还是过程模式，抑或是因果模式，等等。其中，认知在过程模式中更显重要。人们可以选择不同的研究对象、模式和方法。认知翻译学研究的方法主要借自心理学、认知神经科学、认知心理学和认知语言学等认知科学分支学科。

本章对认知翻译学研究进行了综述，指出认知翻译学的理论基础是认知科学，研究对象主要包括翻译加工模式、翻译策略、翻译单位、翻译能力及其习得、翻译专长及译者认知努力，研究方法借自认知心理学等认知科学分支学科。认知翻译学今后的发展趋势有以下三个方面：①理论研究的最终目标是构建一个能被普遍接受或切实可行的翻译过程描写模式，以便更合理地解释翻译过程及相关要素；②将自然科学的实验方法与社会科学的人文主义方法及实验的方法与基于语料库的方法分别结合，以发挥定量、定性分析在认知翻译学研究中的互补作用，获得口笔译认知研究的可靠数据；③与其他学科进行更大范围的交叉和更大程度的融合，以便从其他学科获得更多支持，汲取更多营养。

第二章

认知翻译学：理论

随着 21 世纪认知语言学渐成主流，国外翻译界和认知语言学界迅速做出反应，"向世界贡献出了原本没有的东西"——认知翻译学研究，这既为翻译理论大家族增添了新成员，也为认知语言学提供了新的发展思路。（钱冠连 2000）

译界曾借助语言学建构了很多理论，随着 21 世纪认知语言学逐步成为主流学派，并对该学科产生了重大影响，形成了一门新的边缘学科——认知翻译学。可以说，发轫于西方的认知翻译学研究是在"翻译心理学（或认知心理学）和基于认知语言学的认知翻译研究等跨学科理论的基础上逐步建立起来的"（卢卫中，王福祥 2013：607）。Martin（2010：169）基于近年来的这类研究，正式提出了建构认知翻译学的设想，主张在该学科中尽快建立理论与实证紧密结合的方法，将人文主义与科学主义两大思潮嫁接起来，尝试在后现代理论框架中创建具有"科学-人文性"的认知翻译学，将传统的定性+定量研究取向推向一个新阶段。但她认为当前该学科尚处于起步阶段，极不成熟，属于前范式（pre-paradigm）阶段。

这缕西风东渐至中国，为我国翻译研究提供了新的视角，注入了新的活力。翻译界认为翻译首先是一种认知活动，据此可弥补将其仅视为语言转换这一传统观点的缺陷。认知语言学认为语言具有体认性，其所倡导的统一分析语言的十数种认知方式（互动体验、范畴化与概念化、原型理论、认知模型、事件域认知模型、概念整合、隐喻与转喻、参照点、突显、相似性、识解、基于用法的模型等）同样适用于翻译理论研究。据此,认知翻译学可权且定义为:将这十数种认知方式统一运用于译论建构,强调翻译是一种以体认为基础的、特殊的、多重互动的认知活动,译者在透彻理解译出语(包括古汉语)语篇所表达的有关现实世界和认知世界中各类意义的基础上,将其映射进译入语,再用创造性模仿机制将其转述出来。(王寅 2017)从理论上讲,"体"侧重于模仿,可用来纠正激进派译论(爱怎么翻译就怎么翻译),"认"用来解释翻译的主观性和创造性,这或许能为翻译研究提供坚实的理论基础和全新的研究策略。

2.1 理解认知翻译学

2.1.1 认知翻译学的定义

西班牙翻译家 Martin(2010)虽提出了认知翻译学(Cognitive Translatology)这一学科名称,但她认为当前该学科尚处于起步阶段,极不成熟,属于前范式(pre-paradigm)阶段。王寅教授受其启发,尝试在其论述(2005,2008)的基础上,再次运用体验哲学和认知语言学的基本观点论述认知翻译研究的具体原则和方法。

王寅(2013)将认知翻译学描写为如何在译入语中识解原作者在原作品中的原意图,且运用认知语言学所提出的用以解释语言表达主观性的识解机制(包括五个要素:详略度、辖域、背景、视角、突显),从认知角度来简析翻译中的常见方法,以期能为翻译过程研究提供一个更为具体的新思路,为认知翻译学进一步深入研究奠定坚实的理论基础。

2.1.2 认知翻译学的本质

王寅(2005)认为,经验论、唯理论和解释派哲学分别聚焦于交际的三个环节:作者、文本、读者,同时还产生了与之相对应的翻译观。这些理论过于偏重某一环节,似有以偏概全之不足。Lakoff &

Johnson（1980）所倡导的体验哲学正好可以弥补这些理论的不足，而且也能对翻译做出较为全面的解释。他们根据体验哲学和认知语言学的基本观点，拟构了翻译的认知语言学模式：翻译是以对现实世界体验为背景的认知主体所参与的多重互动为认知基础的，译者在透彻理解源语言语篇所表达出的各类意义的基础上，尽量将其在目标语中映射转述出来，在译文中着力勾画出原作者所欲描写的现实世界和认知世界，并兼顾作者、文本、读者三个要素，倡导和谐翻译。

此模式特征如下：①翻译具有体验性；②翻译具有互动性；③翻译具有一定的创造性；④翻译具有语篇性；⑤翻译具有和谐性；⑥翻译具有"两个世界"。

体验性是人类认知活动的根本特性，对客观世界的体验认知是语言产生的前提，这是体验哲学和认知语言学的根本观点。

语言事实及心理实验都证明存在三个并行的世界：物理世界、心理世界和语言世界。（沈家煊 2008）人对客观世界体验认知的结果是人形成了自己的认知世界和语言世界。

语言的形成是以体验认知为基础的，操不同语言的民族对客观世界的体验使得不同语言间的互译成为可能，而其认知方式的差异也使得这种互译存在着困难。翻译涉及译者对现实世界的体验性认知和以这种体验认知为基础而进行的复杂的语言世界和多重认知世界的分析及整合运作。因此，翻译研究离不开对翻译中涉及的客观世界（即物质世界）、认知世界（即心理世界）和语言世界的宏观和微观分析。

2009年，中国认知翻译学领域的首部专著《跨越语言的识解——翻译的认知语言学探索》诞生了。该书作者谭业升从认知语言学视角对翻译现象进行了系统研究，他吸收了关联翻译理论和翻译图式研究的成果，结合认知语言学的基本理论假设，创建了翻译中意义建构的认知模式。该书以识解作为文本对比分析的终极概念，刻画了具体翻译过程中涉及的多样化认知运作，并对若干翻译案例在系统描述的基础上结合三个认知原则进行了解释，架构了翻译认知文体分析的框架。

2.2 认知翻译学理论取向

2.2.1 认知翻译与语用学理论

2.2.1.1 关联理论

林克难（1994）最早引进 Gutt（1991）的关联翻译理论。他介绍了关联翻译理论的一些主要观点。他认为关联翻译理论的立论基础是：翻译是一个推理过程。翻译的研究对象是人的大脑机制。其基本论点是最佳关联性：处理努力/语境效果。最佳关联性是译者力求达到的目标，也是翻译研究的原则标准。译者的责任是努力做到使原文作者的意图与读者的期待相吻合。之后，赵彦春（1999）认为关联理论是一个强有力的理论，它的使命虽然不是解释翻译，却能有效地解释翻译这一"宇宙历史上最为复杂的现象"，它给翻译提供了一个统一的理论框架，奠定了翻译本体论和方法论的理论基础。赵彦春（1999）阐述了关联理论与翻译的关系，讨论了关联理论与其他翻译理论的本质区别：在关联理论的框架内，翻译是一个对源语（语内或语外）进行阐释的明示—推理过程，译者要根据交际者的意图和受体的期待进行取舍，译文的质量取决于相关因素间的趋同度。赵彦春以关联理论为工具，证伪了翻译理论界的两个"超级酵母"：不可译性和对等原则，由此佐证了关联理论的合理性和解释力。该文章初步建构了能解释翻译现象，并能指导翻译实践的理论模式，同时对关联翻译现存的局限性进行了简要评论。

赵彦春（1999）认为，交际本身不是完美的，人类的一切解读都不是完美的，自然也不能要求翻译完美。该文章还指出，若以对等作为翻译的指导原则，就无法翻译一些特定语境的句子，也就无法评价相对应的译品，更无法去解释这种翻译现象。而在关联理论下不需要对等原则。因为，翻译是交际的下位概念，交际中话语的输出和理解不可能对等，翻译中跨语言的二次输出和理解更不可能对等。

王斌（2000）指出，关联理论作为语言交际理论，尤其是单元文化的语言交际理论，揭示了人类语言交际的某些本质，其理论基础是相同的文化认知心理图式，对最佳关联赖以存在的缺省模式之文化缺省模式是如何传递到另一个文化认知心理图式中去的，关联理论无法做出令人满意的解释。若文化缺省如何传递得不到解决，则对跨文化的翻译交际也难以做出全面的解释。关联理论能够解释的翻译现象至多包括同化翻译、可译性与重译，而这些绝非翻译的全部。同样，孟志刚和陈晦（2001）、钟勇（2014）依据关联理论认为，等值翻译只能是相对的、近似的，不等值才是绝对的；译文的质量取决于相关因素间的趋同度。

另外，芮敏（2000）总结道：关联理论认为，对话语的理解应依靠语境来寻求信息的关联，然后再根据话语与语境的关联情况进行推理，求得语境效果。通常情况下，关联性强，推理所付出的努力就小，语境效果就好；关联性弱，推理所付出的努力就大，语境效果就差。按照这一理论，口译人员提高话语理解的速度和质量的策略在于尽量建立或寻找与话语信息密切关联的语境假设。王建国（2004）首先对关联理论语境观和系统功能语境观进行了简要介绍和对比，然后从与翻译研究相关的两个角度，即译文连贯和翻译单位，进行了对比研究，认为这两种语境观应用到翻译研究当中各有优缺点，并指出这两种语境观在描述和解释翻译现象时可以进行互补。

2.2.1.2 顺应论

比利时语用学家维索尔伦（Verschueren）1999年出版的专著 *Understanding Pragmatics*（《语用学新解》）标志着顺应论趋向成熟和完善。顺应论认为，人在交际中对语言的使用是"一个经常不断的、有意无意的、受语言内或语言外因素左右的语言选择过程"

(Verschueren 1999：55—56)。

根据顺应论，人们在使用语言时就是对语言不断进行选择的过程，语言产出时会根据特定的交际情景和交际伙伴选择相应的词汇、语句和表达方式，而在理解过程中同样也是根据所处的情景对交际伙伴的言谈做出相应的诠释和理解。也就是说，人在交际时会有一种语言顺应的趋势，并且不断顺应不同的交际意图、交际伙伴和交际语境。语言顺应包括语境因素的顺应（contextual correlates of adaptability）、语言结构的顺应（structural objects of adaptability）、顺应的动态性（dynamics of adaptability）、顺应的意识性（salience of adaptability）（Verschueren 1999：65—66)，这四个方面构成了顺应论的四个主要分析维度。

语境因素的顺应是指语言的使用和选择要与语境互相顺应，而语境包括交际语境（communicative context，由物质世界、社交世界、心理世界和交际双方构成）和语言语境（linguistic context），其中交际双方（即话语发出者和话语解释者）是语境中最重要的因素。语言结构的顺应是指在语言使用过程中对包括语音、词汇、句法、语码、语体、语篇等在内的语言因素各个层面做出顺应性选择。顺应的动态性是指语言的顺应性选择是一个动态过程。顺应的意识性是指人们在语言选择和顺应时会呈现不同的意识凸显程度，而说话人在不同意识凸显程度支配下会有不同的语言表现。（Verschueren 1999：75—114)。可见，顺应论既从微观角度关注语言结构因素，也从宏观角度重视语境和文化，既重视顺应的动态性，也强调顺应的意识性，是可以从认知、社会、文化、语言、语用等综合角度全方位考察语言现象及其运用的语用综观。（宋志平 2004）

顺应论为翻译和翻译研究提供了新的视角和可能。国内很多学者从 21 世纪初开始关注翻译研究的顺应论视角。戈玲玲（2002）、张美芳（2005）、何自然等（2007）、王颖频（2013）从顺应论的角度出发，旨在探索翻译的顺应论解释及顺应论对翻译研究的启示。学者们对翻译策略和方法进行基于实例的分析，探究顺应论对翻译活动的启示和指导意义。在顺应论的框架内，翻译是一个对源语的语境和语言结构之间做出动态顺应的过程。

从顺应论的视角看，语言使用的过程就是语言选择的过程。人们使用语言的过程是一个基于语言内部与外部的原因，在不同的意识程度下不断做出语言选择的过程。语言具有变异性、商讨性和顺应性。

顺应性是语言使用过程的核心。任何语言在使用过程中都要做出动态顺应。在顺应论的框架内，翻译是一个对源语的语境和语言结构之间做出动态顺应的过程。由于人的认知结构和认知环境都是动态的，译者只能根据语言结构和语境去识别源语交际者的意图，并把它传达给译语接受者。译语文本是语言结构和语境之间动态顺应的结果，译语接受者的解读过程也是语言顺应的过程。源语文本与译语文本不可能完全等值，而只能是在"信、达、雅"标准中的语用等值。

由此可见，用顺应论来指导翻译实践突出了译者这个主体，强调了译者作为翻译交际行为主体的主体性和意识性。也就是说，译者在翻译活动中不是被动的，而是可以大有所为的，从这个意义上来说，顺应论给予了译者发挥主体性和能动性的自由。但这并不是意味着译者可以无限制地自由发挥其主体性。事实上，顺应论通过动态顺应这个环节，要求译者在翻译过程中对语言结构、文本特点、社会文化语境、认知水平等方面进行动态顺应，这就等于对译者的行为及其主体性的发挥从语言、社会、文化、认知等角度进行了规范。也就是说，一方面，译者通过动态顺应发挥其主体性；另一方面，译者主体性的发挥又同时受到动态顺应的制约。译者的翻译决策建立在考量和顺应语言、语境等各方面因素的基础上，其翻译的自由度也因此得到了合理的限制。

如图 2.1 所示，顺应论对翻译活动的特殊指导意义可以概括为以下三点：①用顺应论指导翻译活动凸显了译者的意识性和主体性，这一点有利于译者从意识程度上重视其主体性和能动性的发挥。②顺应性翻译选择呈现动态性,这种动态顺应在整个翻译选择过程中起到不可或缺的调节作用,动态顺应既是译者主体性发挥的具体体现,也是对译者主体性发挥的合理制约。动态顺应所具有的重要性又进一步强化了顺应意识的重要性,因为只有保持较强的顺应意识,才能在翻译全过程保持动态顺应。③动态顺应具体包括对语言结构(包括文本特点与功能)的顺应、对语境因素(包括原文作者意图、译文读者的认知水平等)的顺应、对翻译过程其他要素(如翻译目的等)的顺应。这三方面的顺应为译者指明了翻译过程中需要考量、权衡和顺应的因素。用顺应论指导翻译活动,具有很强的可操作性。译者用顺应论观照自己的翻译实践,既可以从意识上重视其主动性、能动性的发挥,也可以得到方法论的指导,进而使整个翻译过程变得有意识性、目的性和策略性。

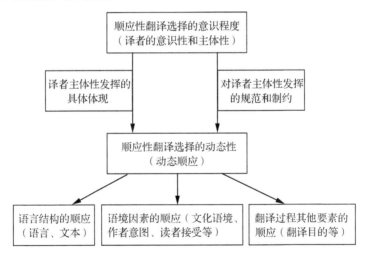

图 2.1 顺应论对翻译活动的启示和指导意义(王颖频 2013)

2.2.2 认知翻译与认知语言学

乔姆斯基于20世纪中叶开辟了从认知角度研究语言的先河,但他坚守天赋观、普遍观、自治观、模块观、形式观等客观主义哲学立场来建构语言理论。20世纪80年代所形成的认知语言学是对乔氏革命的又一场革命,针锋相对地提出了语言的体验观、差异论、非自治观、单层论、非形式化的研究路径(王寅2011a),开辟了从认知角度研究语言的新理论框架。

我们曾将认知语言学的核心原则归结为"现实—认知—语言",即语言是在人们对现实世界进行互动体验和认知加工的基础上形成的,这就是我们所大力倡导的语言的体认观,其中既有客观因素(互动体验),又有主观因素(认知加工),且有十数种基本认知方式,如互动体验、意向图式、范畴化、概念化、认知模型、心智整合、识解、隐转喻、关联等,尝试运用它们统一分析语言各层面。(王寅2007:14)我们认为,运用认知语言学的核心原则来对比两语言之间的异同,发现其背后的认知机制,这将有利于我们从认知角度进行语言对比研究,也能更加深刻地认识翻译过程,这也是认知翻译研究的一项主要内容。

人们会同意"翻译是一种认知能力"的说法,因为翻译过程充分体现了译者兼作者的认知方式,而认知语言学意在揭示人类的基本认识能力和方式,这对于解读翻译过程,无疑是一剂妙方,必将有助于深刻认识翻译的本质。因此,可以说,对认知能力和方式的研究在认知翻译研究中最为重要。

师琳(2011)认为,翻译不但是双语交际,更是一种跨文化交际。在输入过程中,因为读者及译者认知的差异,译者发挥主观能动性,不可避免地在翻译过程中对作品进行若干改写:大到文化心理、意识形态,小到字、词、句的改写,以此来迎合异文化的认知和认同。同样,王德丽(1999)认为,按照认知语用学的观点,在翻译过程中，译者受到其认知心理、知识结构和思维方式的制约。译语语境与源语语境的最佳关联产生于译者与作者对认知环境的共同心理感应，即在具体语境中的思维耦合。这是认知推理再现源语信息和意境的最佳途径。

我们知道，体验哲学是认知语言学的基石，因此，认知翻译中有关体验性的讨论与探索颇多。如宋德生（2005）提出，人以体验认知方式认识世界，心智离不开身体经验。语言作为心智的表征和对世界进行范畴化的工具具有体验性。语言结构反映着人类的经验结构。人的生理结构及所处环境的相似性决定了经验结构的相似性，并使翻译成为可能，这是语言互译的认知基础。经验结构是一个丰富的意象图式网络。意象图式是人在认识世界的主客观互动中，把外部世界的物理能量转换而成的心理事件，是我们经验和知识的抽象模式。因此，思维带有具象性，这决定了信息的意码和形码的双重编码结构。翻译的过程即以意象图式为媒介的、源语与译语文化意向之间的辨认和匹配，翻译中的等值只不过是经验结构的相似性。

我国学者，如王寅（2008a），基于体验哲学的基本原理，将Langacker的"意义概念化"修补为"体验性概念化"，并尝试以此为理论基础论述翻译中的客观性和主观性。有了体验性，就可限定读者中心论、译者自主性；有了概念化（识解），就可解释翻译的主观性。王寅通过体验性概念化分析了40篇《枫桥夜泊》的英语译文，详解翻译中的体验性和客观性，同时揭示主观性在翻译认知中的体现，尝试为翻译的主观性研究提供理论框架。

2.2.2.1 认知语义

1. 隐喻的认知翻译

一直以来，隐喻被人们视为思维领域的一个复杂的谜题。自古希腊以降，隐喻一直属于修辞学和诗学的研究对象，传统研究者们通常认为其最大的作用在于辅助语言表达。而在哲学领域，自柏拉图把诗人逐出理想国以来，隐喻便一直处于被排斥的地位。语言哲学家威廉·莱肯（William Lycan）在其著作《语言哲学》（*Philosophy of Language*）一书中坦言，在哲学中，隐喻处于"阽暗的那一面"（"The Dark Side"）（Lycan 1999：23）。作为一种修辞形式，隐喻一直被划分为修辞学的研究范畴，间或有哲学家提及隐喻，但究其内容，大多对隐喻做出了否定性的评价，认为其暧昧多义的特点妨碍了哲学对真理的探究。倘若站在诗学、修辞学的角度来看，隐喻是一种对文采的修饰，能够为文本增添表达效果；然而站在哲学的立场上看，正是这种对于文采的修饰妨碍了正确的理解。这种传统观点产生了深远的影响，一直延续至20世纪中期。

进入20世纪中期，随着语言学转向趋势在分析哲学领域的兴起，分析哲学家们开始试图从语言结构与其所传达的意义层面重新理解隐喻。也就是说，对于一个隐喻，无论人们是否能够理解它的意思，至少隐喻本身都传递出了让人类执行理解过程的内容，而对于这个内容的分析则是隐喻研究的关键。而后，语言哲学家们就隐喻的意义问题与使用问题进行了深入的探讨。与传统的隐喻研究相比，这样的方式虽然拓展了隐喻的研究范畴，但终究还是无法满足研究者们对隐喻作用机制的好奇。必须要承认的是，若是人类社会从此禁止使用隐喻，那我们将无法想象生活会变成什么样，人们将如何进行交流沟通。隐喻对于人类思维和交流的全方位参与使得人类社会的存在本身已经与其交织在一起，无法分离。因此，对于一个如此重要的人类社会现象，做出更为综合性、更有说服力的研究就显得尤为重要，隐喻与人类思维间的关系问题成为研究的重点。当20世纪下半叶哲学的焦点从认识论转向语言研究之后，语言与思维的关系问题逐渐浮出水面。正如法国哲学家保罗·利科（Paul Ricoeur）所言："当今各种哲学研究，都涉及一个共同的研究领域，这个领域就是语言。"（徐友渔 1997：13）这样的转向催生了更多综合性的隐喻研究出世，如George Lakoff 与 Mark Johnson 开创了隐喻认知功能探索。而 Jacques Derrida 与 Paul Ricoeur 则分别从解构主义角度与阐释学角度批判了传统观点对于隐喻问题的理解。

隐喻与神话间的关系带出了隐喻与人类认识原始世界的方式间的关系问题,并且最终指向了隐喻与人类认知思维的关系问题。因此,研究者们试图从人类认知方式与认知结果的角度重新审视隐喻,试图建立一个概念结构,以推导意义的生成与语言的形式。认知学派研究者们从人类的原始认知经验出发,指出人类具有把体验世界的方式进行抽象化的能力,而这样的抽象化经验能够进一步抽象,形成复杂的概念结构。Lakoff 与 Tunrer 是认知隐喻学的代表人物。

1980 年,Lakoff 和 Johnson 出版了《我们赖以生存的隐喻》(*Metaphors We Live By*)。该书被认为是隐喻研究的经典著作,开启了隐喻研究的时代,把对隐喻的认识提高到了认知的高度,摆脱了传统隐喻观对隐喻的束缚,并把隐喻研究纳入认知科学的领域。概念隐喻从此成为隐喻研究的核心。Lakoff 明确指出,隐喻是人类的一种认知现象,是构成人类思想体系不可缺少的工具。1987 年,Lakoff 出版的《女人、火和危险的事物——范畴揭示了思维的什么》(*Women, Fire, and Dangerous Things: What Categories Reveal about the Mind*)奠定了隐喻在认知研究中的地位。

认知语言学的研究者们使用的"隐喻"一词与一般意义上的"隐喻"有所区别。认知语言学认为,隐喻是从始源域到目标域的跨域映射。认知语言学强调经验和认知对语言产生的重要作用,认为语言是客观现实、社会文化、生理基础和认知能力的产物,包括隐喻语言在内的任何语言现象都是有理据的,可以从人们的心理和认知的角度加以分析和解释。从认知语言学的角度来看,隐喻的产生是有生理基础的,并有心理上的运作机制,即从一个概念域向另一个概念域的结构映射。隐喻的本质是用一种事物理解和体验另一种事物。(Lakoff & Johnson 1980)

认知语言学将隐喻定义为"用一者(始源域)来理解或表示另一者(目标域)"。隐喻的典型结构是"X 是 Y",而 X 和 Y 属于两个完全不同的范畴类别，因此，隐喻的一个显著特征是将两种本不等同的事物等同起来，从而形成语义上的不相容。实际上，在语言使用过程中，许多隐喻的出现并没有明确的信号或标志。在某一种语言表达中，隐喻的运用基本包含以下要素：首先，从语用角度或语境角度看，它必须是异常的，不论是词、短语还是句子，从其字面意义来理解，明显与语境不相符；其次，这种语义异常或语义冲突原则上是不可消除的；最后，隐喻性的理解要符合说话者的意图及对其意图识别的期盼。

从宏观上来讲，语言表达本身就是一个隐喻，用声音系统或文字符号为始源域来表示现实世界或思想内容的目标域，这也是在用一者来言说另一者。

Newmark（1981：84）指出，所有语符都是事物的隐喻或转喻，一切词语都具有隐喻性。

认知语言学认为，人们通过身体和空间进行互动体验之后便形成了若干基本概念，然后通过隐喻和转喻机制将其扩展到其他概念域（特别是抽象概念域），从而形成了当今人类复杂的概念系统。语言中大多数单词和构式（词层面以上）都可根据这一思路建构出历史进化的语义链。（Taylor 1989）

也就是说，认知语言学所指的隐喻并非是"朱丽叶是太阳""人是会思考的芦苇"等具体的隐喻表达，认知语言学所指的隐喻是一种概念联想机制。

总之，认知理论对于隐喻研究做出了极大的贡献。研究者们主张，隐喻不再是人类语言学的一个分支，它已经超越了学科分类的壁垒，涉及人类生活的方方面面，是构成人类精神生活的必要条件。

依此可见，翻译本身也是一种隐喻，用一国语言去表示另一国的语言，或用新的隐喻来适配原来的隐喻。译者阅读的是源语文本，通过隐喻化活动产生译入语文本。译者要在进行隐喻化的过程中产出译本，这种活动具有解释性和创新性。翻译具备隐喻的基本功能。隐喻的基本功能是通过某一经历来理解另一经历，它可以是通过原有的孤立的相似性，也可以是通过创新的相似性。（Lakoff & Johnson 1980：154）

Martin（2010：171）指出，概念隐喻对于翻译学的理论发展具有关键作用。这就是说，在进行跨语言翻译时，隐喻、转喻机制也是不可避免的。如英语中常用"He eats no fish"表示"忠诚"，这其中就运用了"以具体事件喻指抽象概念"的隐喻机制；在汉译时，因汉语无此文化背景，须再次将这一"具体事件（不吃鱼）"隐喻性表述为"抽象概念（忠诚）"。可见，表述和翻译这一概念的过程经历了两次隐喻过程。若在汉译时未运用隐喻机制，直接处理为"他不吃鱼"，则不能有效地表达原义。

Evans（1998：149）也持相同的观点："有时译文本身就可视为外国原文的隐喻，正如乔治·拉巴莎所辩说的那样，一个词就是一个物体或另一个词的隐喻，翻译就是一种适应形式，使用新的隐喻适配原文隐喻。"这正是 Lakoff & Johnson（1980）所说的"…metaphor is pervasive in everyday life（隐喻渗透进日常生活的每一处）"的翻版。

刘明东（2003）认为，语言与文化密不可分，文化需要通过语言表达和传承；反之，语言也受到文化的影响。因此，翻译不仅是语言的翻译，更是文化的翻译。文化图式具有可译性，可以通过 A—A、A—B、A—zero 三种对应方法实现。文化图式的翻译有助于引进外来文化，促进不同民族间的文化交流。

同样，赵登明、丁瑶（2002）把比喻式复合词分为明喻式和暗喻式，并且从构词法的角度讨论了比喻式复合词翻译的几种可能性，目的主要在于呼吁我国的翻译工作者在翻译时，尤其是把中文翻译成外文时，要尽量把我国文化中特有的内容向外介绍，而不应该一味迁就译文读者，尤其是欧美读者。正因为文化差异的存在，我们在翻译过程中应该尽量平等地介绍文化的方方面面，逐步使译文读者了解原文的文化背景。这种了解有助于对不同文化的理解、接受和认同，同时也是我们从经济强国走向文化强国的重要一步。

冯国华（2004）认为社会文化不同，语言类型有别，因而取譬设喻，有同有异。有鉴于此，在英语和汉语的互译中，若要传达原文的喻义，必须把握原文的喻底；要把握原文的喻底，必须立足原文的喻体。翻译以"信"为本，力求"形神兼备"。涉及譬喻，亦无例外。同时，社会文化不同，语言类型有别，翻译并非"相行比制"，译文不能"貌合神离"，具体情况必须具体分析，若不能"形神兼备"，则不妨"得意忘形"——离形而得似，以意为工；不能"辞不达意"，更不能"以辞害意"。

例如：

> *The saying "Forgive and forget" may roll off the tongue, but it's as shallow as it is short. For one thing, it's totally impossible. For another, it misses the whole point of forgiveness. The things we most need to forgive in life are the things we can't forget. Rather than sweeping them under the carpet, we need to draw a line under them, deliberately choosing not to count them against the person who did them, and moving on.*

"宽恕并忘记"这句俗话谁都会脱口而出，但实际上既简单又肤浅。一则这是绝对不可能的，二则它完全偏离了宽恕的真正含义。生活中最需要宽恕的事正是那些无法忘记的事。我们不应把这些事掩饰起来，而须记住它们，并有意不因此对做过这些事的人怀有成见，这样继续着我们的生活。

此例首句就让读者在认知框架中构建起 WORDS ARE OBJECTS 这一概念隐喻（Lakoff & Johnson 1980），始源域中物体的运动情状映射到（roll off）语言域上，形象地表现出意欲表达的情状，使此句的意义可及性得以实现，即可解读为：People may find it easy and natural to say "Forgive and forget", but when they utter this short saying, they never give serious thought to what it actually means. 借助隐喻思维，读者就不难理解 sweeping them under the carpet 喻指掩盖、掩饰，draw a line under them 喻指特别注意或关注。整句就可解读为：Instead of simply hiding the unpleasant things in our hearts and leaving them there, we should pay special attention to them, consciously trying not to relate such unpleasant things to the person who caused them, and getting on with our usual way of life. 这些修辞语言的运用延长了读者对文本的解读过程，让读者从原有的概念认知进入修辞认知，亦即从审美的角度去感悟修辞性语句乃至文本的艺术魅力，从而对文本的艺术性具有更深刻的认知。

认知隐喻理论提供了一个全新的隐喻研究角度，使得人们对于隐喻的理解拓展到了基础意识，即概念层面，极大地推动了隐喻理论的发展。但是，仍然有不少研究者对此提出异议，尤其是认知隐喻理论的提出，大部分的概念都是由隐喻构成的。

2. 转喻的认知翻译

关于转喻翻译的研究，国外已发表一些论文和专著（Buchowski 1996；Al-Fahad 2012），另外还有其他专著简要讨论过转喻的翻译（如 Armstrong 2005：190—191）。国内早期以"借代"为题，讨论借代的理解、翻译方法等。（徐芾 1983；顾正阳 1997）近年来，随着认知语言学研究的发展，国内有更多的研究者开始关注转喻翻译，从认知视角探讨转喻翻译的方法、策略、认知过程等（肖坤学，邓国栋 2006；谭业升 2010；卢卫中 2011）。传统修辞学研究一直把转喻看作一种发生在语言层面的修辞格。因此，在传统对等理论和传统修辞学框架下探讨转喻翻译，其所能得到的认识非常有限，不能全面体现转喻翻译的特殊性和转喻翻译的独特研究价值，更无法反映转喻在翻译认知过程中扮演的复杂和动态作用。

认知语言学研究成果表明，转喻是人类思维概念化的基础。认知语言学家认为转喻是指在同一个认知域中用较易感知的部分来理解整

体或者整体的另一部分。(王寅 2006)

自20世纪80年代以来,认知语言学家将转喻看作一种心理机制,认为它不仅仅是一种修辞手段,更是人类的一种基本认知方式,它构成了人类许多概念形成的基础。作为人类重要的认知和识解方式,转喻有其重要的认知原则。

认知语言学认为,转喻不仅是一种修辞,更是一种基于人们生活经验的思维方式,通常用一个事物的名称代替与其存在附属或关联的另一个事物的名称。与传统语言学不同,转喻作为一种认知模式,除了在词语层面有替代本体和喻体之间的关系外,它还能用易突显、易感知、易记忆、易辨认的部分代替整体或其他部分,或用具有完形感知的整体代替部分自发的、无意识的认知过程。(张志慧 2009)其中,关联性和突显性是转喻最基本的认知属性。这种认知属性影响并构成了人们的意识和行为,同时也指导着人们的翻译实践,即为翻译转喻。

正如上文所述,英语、汉语的词汇大多具有交集特征,意义仅部分等同,这就是造成"部分代整体、部分代部分、整体代部分"转喻机制的认知基础。例如英语词语 bird flu,聚焦于流感的过程,通过 bird 传染,将其译为"禽流感"时,则突显了流感的结果——家禽得了流感。从过程到结果,这是一个连续性整体动作的两个相连的部分,用一个部分代替另一个部分的翻译所体现的正是转喻机制。

又如在《枫桥夜泊》40篇译文中,翻译"月落"大致有两类:

① 过程,如 moving down (westwards);

② 结果,如 at moonset。

两者都反映了"月落"这一整体运动的局部情况,前者突显过程,后者突显结果。至于"对愁眠"中的"眠",40位译者更是五花八门:

① 聚焦于开始阶段,有人译为 feel asleep;

② 聚焦于中间过程,有人译为 lie 或 fall into sleep;

③ 聚焦于结果，有人用 at sad dream 来表述这一信息。

它们分别突显了"眠"这一整体动作的不同阶段。

此外，"夜半钟声到客船"中的"到"，在译为英语时：

① 突显过程，有人译为 come to；

② 突显结果，有人译为 reach 或 arrive。

可见，在翻译运动动词时，译者可有多种选择，或聚焦于起始点，或聚焦于过程，或聚焦于终点，这完全取决于译者的理解和偏向，无对错之分，仅有突显之别。

在认知翻译学框架下，翻译与转喻之间是相辅相成的。（谭业升 2012b；王寅 2012）

再如：

> 许年华："咱们吃大宾馆还是吃小饭店？"
> 金全礼："我听你的！"
> 许年华："好，咱们吃小饭店。"
>
> （刘震云《官场》）
>
> "Shall we go to a big guesthouse or to some small restaurant?"
> "Whichever you like," said Jin.
> "All right, let's try a small place," said Xu.
>
> （Paul White 译）

此例中，"'吃大宾馆'这种异常搭配是转喻认知机制在语法上的体现，是以同属一个理想认知模型中的处所代受事对象，从而形成了特殊的修辞效果"（江莉 2009：56），即陌生化修辞效果。但由于认知上的这种异常搭配不为英语文化修辞所认同，故译者将其处理为规范化的语言表达，即 go to a big guesthouse or to some small restaurant，以此来完成转喻思维的转换。

谭业升（2010）认为，在传统对等理论框架下，转喻被当作一种偏离性的语言来使用，其所得到的有关翻译的认识非常有限，无法反映转喻翻译中体现的人类认知的复杂性和动态性。他在认知语言学框架下探讨了在翻译过程中以语境为基础并受规约限制的转喻图式的例示，阐释了基于多样性邻接关系的转喻图式——例示级阶与翻译转换、翻译变体的关联，以及它为译者提供的认知创造空间，并提出了对今后开展转喻与翻译关系研究的建议。

Tymoczko & Gentzler（2002）认为翻译是一个转喻过程，因为源语文本包含翻译过程中涉及的一系列可能意义，而译者只是选取自己期望表征的意义。换言之，翻译过程中译者用译入语的部分意义去表征源语文本的全部意义，使翻译成为一个转喻运作过程。Denroche（2015）指出源语与译入语之间的关系既不是字面的，也不是隐喻的，而应是转喻的。由此推知，翻译能力与转喻能力之间存在一定关联。王树槐、王若维（2008）认为，翻译能力包括思维能力等6种能力。作为一种思维能力，转喻能力与翻译能力也有一定交叉。Neubert（2000：3—18）将翻译能力界定为"译者应对翻译过程中各种具有变易性任务"的能力，具体包括语言能力、主题能力和转换能力。吴赟（2015）提出了涵盖语言技能、百科知识、转换能力等方面的翻译能力概念。转喻能力也包含转喻转换能力，因此与翻译能力存在一定重叠。傅敬民（2015：85）指出，"水涨船高"对于翻译能力的培养同样适用，因为翻译能力包含多方面能力，翻译认知能力等某些能力的提高必然会带动翻译能力的整体提高。

3. 范畴化

Labov（1973）认为语言学所涵盖的各类研究本质上都是在研究"范畴"。Taylor（1989）也肯定了语言与范畴的密切联系，指出范畴是人类思维、行动和语言的起点。

认知语言学认为，范畴化（categorization）是人类最基本的认知方式，一个物种要能生存于世，就必须掌握范畴化能力，区分出周边环境中适宜或不适宜居住之处，有用与有害之物，这一认知原则同样适用于语言和翻译研究。因此，许多认知语言学的教材和专著都是从

"范畴和范畴化"开始的,如 Lakoff(1987)、Taylor(1989)、Ungerer & Schmid(1996)、Dirven & Verspoor(1998)等。

范畴化属于认知阶段,不同民族对于相同外界可能有相同分类,也可能有不同分类,若是后者就会造成理解和翻译中的困难。范畴化是人类对客观世界中具体或抽象事物(含语言本身)进行分类的认知活动,不同语言族群因文化或环境差异,其范畴化过程也不同。

范畴是翻译中第一个要解决的问题。我们都知道,在英、汉两种语言中很难找到完全对应的范畴和词语,这就涉及范畴的变通问题,这在翻译过程中屡见不鲜。

如 worker 在英语世界中的范畴(即概念和意义)是指 wage-earners, esp. those without capital and depend on daily labour for subsistence。马克思(1848)在《共产党宣言》中的最后一句为"Workers of all countries, unite!"若将 workers 译为"工人",则只能限于城市中的工人,而将中国广大的农民排除在外,因此译者(可能是陈望道)巧妙地将其译为"全世界无产者联合起来!"这里就涉及翻译过程中的范畴转换问题。(王寅 2017)

再如,在澳大利亚 Dyirbal 土著语言中将"女人""火""危险事物"同置于一个范畴之中,用一个单词 balan 来表示,而在英语、汉语中它们分属三个不同的范畴,要用三个不同的词来表示。(Lakoff 1987)英、汉两种语言中词语完全对等者十分稀少,大多是概念部分交叉,如汉语中"打""吃"等与英语的 strike,eat 仅有部分概念重叠;有时是英语词语概括化程度高,如 hair 相当于汉语的"头发,毛";有时是汉语词语概括化程度高,如"空"包括英语的 hollow,empty,sky,in vain,free 等。这些都是我们在翻译时要特别注意的地方,一不小心,就可能跌入"陷阱"。如听到有些学生将"今天你有空吗?"译为"Are you hollow today?"不禁令人啼笑皆非,似乎在说人家没心没肺。又如一个十分简单的 again 还常有人译错,该词的意思是"将做过的动作再做一次"。如"你再吃点!"被误译为:

"Please eat it again."难道要将吃进去的东西吐出来再吃进去？这些细微之处值得我们下点功夫。

2.2.2.2 认知语法

1. 识解

Langacker（1987）不仅指出了语言具有主观性，还提出了分析主观性的具体方案，即识解（construal）。

"识解"的概念最早由语言学家Moore与Carling提出，心理学领域也对其进行了相关概念的平行研究。后来，随着认知语言学的发展，认知语言学家对"识解"进行了更为深入的研究并加以应用。

识解，既用来指称人们对外界事件感知体验过程中所形成的抽象表征，也用于描述人们为达到表达及其构成因素的目的从而选择不同的方法观察语境并解释内容的一种认知能力。它是说话人心理形成和建构一个表达式语义内容的方式。（文旭 2007）

从内涵来看，识解在 Langacker 的定义里主要用来表达认知语法中认知视角的内涵，也就是说话者或语法主语作为观察者或参加者的作用，这种作用通常在被表达的事件或者情境中显现出来。（Langacker 1998：4）

从范畴发展看，识解的研究经历结构主义语言学阶段、认知识解阶段、动态识解阶段。其中，识解的核心定义从普遍的认知基础与能力发展到认知能力可用于主体体验范畴，进一步发展到不同的识解行为代表对不同体验的基本认知能力。

从构成因素来看，文化语言学家Palmer（1996）将识解的构成因素分为图形-背景、详略度、视角和辖域。Langacker将识解的构成因素分为详略度、辖域、背景、视角和突显。Croft 和 Cruse 则将识解的构成因素分为突显、比较、视角和整合。这些构成因素的划分虽然在具体细节上有所不同，但在核心构成因素上都突出描述事物的认知参照点、注意力方向和焦点的确定等内容。在这三种分类中，Palmer 的因素分析更倾向于文化语言学的视角；Croft & Cruse（2004）更为突出动态"识解",特别是具有概念整合的意义;Langacker 的认知识解构成因素分析最为全面地描述整个认知识解过程。

如 Langacker 描述的那样,识解主要包括五项:详略度、辖域、背景、视角和突显。人们对客观现实的认知和经验知识的组织主要是从识解的这五个方面进行的,人的认知操作因此得到进一步细化。

因辖域和背景内容上有重合,本书将两者合为一项,即辖域/背景。

(1) 辖域/背景

辖域/背景,通常指认知域,是理解一个语言表达式意义的认知基础,具有百科性。当人们要想对某一场景成功识解时,该场景必然要激活认知中与之相关联的经验知识和概念内容的配置。如隐喻中的源域通常充当目标语的辖域/背景,人们以源域的知识经验为基础背景来实现对目标域的认识。例如,要了解什么是手指(finger),我们首先需要知道手(hand)的概念,手的概念为手指提供认知范围。这里,手的概念作为知识背景充当手指的认知域基础。

(2) 视角

视角指人们对情景描述的角度,体现观察者与情景之间的一种相对关系。不同的视角反映出认知主体的识解方式差异。根据认知语言学的观点,由于文化、历史、环境和个体的认知能力或认知方式等方面存在差异,当人们面对同一情景时,可能会选择不同的视角。不同的视角体现出不同的概念化方式,反映到语言上就会有不同的语言表达形式。例如:

a. The School is in the right of the commercial building.

b. The commercial building is in left of the school.

此例中,a,b 句描述的是同一情景,即客观现实中 school 和 commercial building 之间的某种空间方位关系。a 句与 b 句分别以"The School"和"The commercial building"作主语,体现了观察者两种不同的视角选择。其中,a 句以学校为视角,b 句以商业建筑为视角。视角上的差异产生了 a, b 两种不同形式的语言表达式,导致两句之间的意义也不尽相同:a 句侧重学校的空间方位;b 句侧重商业建筑的空间方位。

(3) 突显

人们在观察某一情景时,具有确定注意力方向和焦点的认知能力,可以注意整个事件或情景,也可集中注意力关注整体中的某一部分。从认知语言学的角度看,人们侧重突出的那一部分侧显为主体,次突出的部分消显为背景。(Ungerer & Schmid 2001:164) 对于同一事体或情景,人们突出的方面不同,其映射的语言表达形式也会不同,导致语言表达的意义有所差异。例如,杯子中盛有半杯水这一场景,不同的人可能将注意力投掷到不同的部分,使场景中的不同方面得到突显。这会引起不同的概念化方式,产生以下四种语言表达式:

a. the glass with water in it

b. the water in the glass

c. The glass is half-full.

d. The glass is half-empty.

其中,a 突出的部分为整个杯子;b 突出的部分为水;c 突出的是杯子中有水的下半部分;d 突出的是杯子中无水的上半部分。

(4) 详略度

详略度指人们可以用不同的精确或详略程度去认识或描述一个事件,它可以出现在词汇层面,也可以出现在句子层面。详略度在词汇层面上,其"详"和"略"通常分别用词的下位范畴和上位范畴来表示。如:thing > object > book > literature book > the book on American literature。详略度在句子层面上,则表现为详略程度有别、精细层级各异的小句。如:Someone is doing something. > Someone is eating something. > Someone is eating a sandwich. > Someone is slowly eating a sandwich without speaking. 此例中句子的详细程度依次增加。

再如,人们面对相同的场景选用不同的词、不同的句子,皆因为人这一主体具有这种识解能力所致。如同样面对一个大男人打小女人的场景，有人会用主动态（突显施事者），有人会用被动态（同情女人），这取决于讲话人的视角。如汉语中有人说"孵蛋"，有人说"孵小鸡"，实际上它们是指同一件事，前者突显动作的过程，后者突显动作的结果。

我们还可将这里的同一场景视为一个外文语篇，不同的译者面对同样的场景会有不同的理解和翻译，也可用上述观点来解释其间的各种差异。又如上文关于转喻所举的"月落""眠""到"的英译差异例子，皆因突显整体的不同部分而产生了转喻机制所致。王寅（2008a）曾将同一首《枫桥夜泊》的40篇不同英语译文制成一个封闭语料库，尝试用识解加以分析，且对各种差异的频率进行了统计。令人惊喜的是，这些差异大多能用识解的五个方面做出合理的解释。王寅的这一研究结果为认知翻译学研究译者主体性提供了一个新思路，同时也开拓了认知语言学应用性研究的一个新方向。

认知语言学诞生之后，人们逐渐从认知角度研究翻译，形成认知翻译学这门边缘学科。然而，认知还是因为太抽象、太笼统而很难落实到翻译实践中去。识解及其五个维度的产生使得认知翻译研究得到进一步细化，识解与翻译之间能够建立起联系。据此，我们不妨将认知翻译研究的策略定位于如何在译入语中识解原作者在原作品中的原意图。

2. 突显原则与原型理论

Baker通过比较若干原作、译文、母语作品，提出了"翻译普遍特征"（Translation Universals）这一术语，且运用可对比语料（Comparable Corpus）加以验证，如用译自不同语言的语篇（如译自不同语言的中译本）来说明这一现象。她认为，在原语篇中没有，但出现于译文语篇中的若干典型的语言特征（既不是来自译入语，也与母语作品的特征不同）具有一定的普遍性，主要包括：①简单化，译者会潜意识地简化语言或信息，或简化两者；②明细化，译文倾向于将有关信息做详细说明,常会增添背景信息;③常规化,倾向于用译入语的典型句型或方法翻译原文,甚至译入语特征达到了十分夸张的地步;④中庸化,译文倾向采取"取中"原则,舍弃边缘,移向连续体的中心。(Baker 1993:243)

Halverson(2003)也发现了译文语篇中的一些普遍特征,且提出了"引力假设"(Gravitational Pull Hypothesis),认为 Baker 等指出的上述现象可用突显原则和原型理论做出合理解释。我们认为,Baker 这里所说的诸如简单化、明细化、常规化、中庸化等译文的语篇特征,虽与母语写作特点有所不同,但也不无关联,如常规化就受到了译入语特征的影响,且取决于译文读者对象。如英译汉时,译者常在翻译过程中突显受众对象,尽量让译文能被中国读者读懂,且能读得流畅,这就烙上了"读者中心论"的印记。又如简单化的语篇特征也是如此。通过化繁为简,复杂表述或难以理解的信息变得通俗可读,免得译文拗口。至于明细化的语篇特征,也是为了使受众能读懂原作,而增添了一些缺省的背景信息,特别是相关的文化背景,以保证读者能明白其义。如英语、汉语分属两个语系,且文化差异较大,一不小心就可能产生误解,译者可采用很多方法,如在正文中适当添加词语,或用脚注,来填补"信息空缺值"。中庸化的语篇特征正是原型范畴理论在译界的翻版,指尽量选用典型的词语和句型,而不必用过于生僻词句或古语表达,它们属范畴的边缘用法。因此,我们认为 Halverson(2010:351)将 Baker 的研究结果归结为突显和原型是可取的。

但 Tirkkonen-Condit(2004)也发现与常规化相反的情况,有些译文中的译入语特征为"表现不足"(under-represent)。Tirkkonen-Condit(2004,2005)还进一步为这一假设提供了数据验证。Eskola(2004)也赞成她的观点。

3. 认知参照点

Langacker(1993:1)指出,在日常生活中,人们要选择特定的概念作为建立心智联系的认知参照点，它无处不在，但由于它太普遍了，我们经常想当然地忽视它的存在和它所发挥的关键作用。认知心理学已经通过大量的试验证明，选取和运用参照点是人类的基本认知能力之一。

认知参照点这一理念最初是由心理学家 Rosch（1975）提出来的。Rosch 认为，"在众多的知觉刺激中，有一些类型在知觉过程中是可以发挥理想的锚定点（anchoring point）作用的"（Rosch 1975：532）。因此，她进而提出了语义原型（prototype）概念。之后，她又通过一系列有关原型的实验，在颜色、长度及数字等领域，检验了认知参照点的作用，证明了原型"可以作为判定范畴内其他成员的认知参照点"（Rosch 1975：532）。

Langacker 首次将认知参照点的理念引入了语言学界，并用此理论解释了英语中的物主代词、名词所有格及介词 of 三种领属结构（possessive construction）。在他看来，三种领属结构的识解具有共性，即都是通过激活一个突显的实体来确立通往其他相对不突显实体的心理路径。因此，他把人们依据参照点而认知目标概念（target）的能力定义为"参照点能力"（Langacker 1993：6），并建立了认知参照点模型，演示人们运用参照点能力认知目标概念的过程（见图 2.2）。

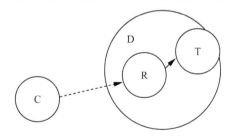

图 2.2　认知参照点模型（Langacker 1993：6）

Halverson 的引力假设认为，表征过分（over-represent）或表征不足这两种情况在翻译过程中都存在。（Halverson 2010：352）他虽提到了引力假设问题来自 Langacker（1987/1991）所创建的认知语法中的象征单位（symbolic unit：音义配对体）和图式网络（schematic network），但这一论述过于笼统，可借用参照点和突显来做出更为合理和明晰的解释。

表征过分（即常规化）或表征不足这两种体现译入语特征的情况在译文中都有，这实际上与译界常说的归化或异化问题基本相同。前者相当于意译，即将外国语言信息和文化因素归入本族体系之中，充分彰显本土语言文化价值观，并常以其为参照点对原文做一定或较大的改写。如在外译汉中指外国作品的中国化，即过多体现出本族语言和文化特征。林纾便是一个典型案例，他虽不懂外语，但他通过懂外语合作者的口述实施了对原文归化式的语言暴力，将多姿多彩的原文风格一律变为林纾风格。（王宁 2011）后者相当于直译，将译出语及其文化内涵以近乎本来面目的方式呈现在译入语中，使得本族语言和文化表征不足。

这一现象可用认知语言学中的参照点理论做出合理解释，即翻译时究竟参照了哪种翻译理论、语言体系和文化标准。如若参照读者中心论，就应当充分考虑读者对于译文的感受，让他们更好地理解原作者的意图，上文述及的简单化和明细化都出自此。若将参照点置于反映原作风格、引介异国风味上，当译出语与译入语在用词和句型上发生冲突时，就会以牺牲译入语特征为代价而突显一些译出语特征，这也无可非议。

因此，认知语言学中参照点理论同样适用于翻译理论研究。表征过分与表征不足、归化与异化、意译与直译等问题就是典型的参照点问题。

2.2.2.3 构式语法

认知语言学认为，语言是建立在人们的经验和体验之上的，词的意义及词的组合使用都依赖于对真实世界的感知和概念化（Ellis 2003：65），并认为句法规则是学习者在终生使用和理解语言的过程中自然发生的，语言认知和语义不能与认知的其他部分割裂开来。构式语法在认知语言学的框架中研究句法，反对生成语法成分分析的原子论模型，将语言定义为"规约语言单位的结构化清单"（Langacker 1987：57）；主张语言符号的象征性，强调构式形式与功能的统一表征（Langacker 1987：58），语言符号在感知意义或交际意图与音系形式二者之间构成映射关系。构式语法侧重探讨母语的能产性（productivity）和习语性（idiomaticity）。

认知语言学认为，构式（construction）为语言在心智中的基本表征单位，它可大可小，还有简单和复杂之别，囊括了从单词、词组、分句、句子、语篇的各个层面。作为自然语言的建筑材料，构式受句法、语义、语用和语调等因素制约。

我们之所以提出构式单位，正是看中其可调变性，也就是说在翻译过程中，不宜将翻译单位固定在某一层级上，而当因人而异，因文而变。"一刀切"断不可取，因为不同的人有不同的翻译习惯，不必强求。

构式语法理论是在语言学研究由形式到功能转向的大背景下，在对乔姆斯基转换生成语法的批判基础上诞生的。Croft & Cruse（2004）把构式语法划分为4个流派［有的学者称其为变体（variants）］：Fillmore和Kay等人的构式语法［Construction Grammar（首字母大写）］，Lakoff和Goldberg的构式语法（construction grammar），Langacker的认知语法（Cognitive Grammar），以及Croft的激进构式语法（Radical Construction Grammar）。

虽有派别之分，然而构式语法的不同流派在语法构式、表层结构、构式网络、跨语言的变化性和概括性及基于使用的语法模型这五个方面的研究却持有相同或相近的观点。各家理论基本主张一致，即"句法结构的基本形式是构式，即复杂结构与其意义的配对"（Croft 2007：463），而且都认为构式是以网络结构形式组织起来的。正是这些语言研究的构式路径"所共同倡导的五大主旨使得它们与生成语法区别开来"（Goldberg 2013：1），同时体验哲学的兴起又为构式语法理论的深化和发展奠定了深厚的哲学基础。正如 Lakoff 和 Johnson 反复强调的那样，"从最根本意义上说，心智是基于身体经验的，意义是基于身体经验的，思维也是基于身体经验的。这是体验实在论的实质"（转自王寅 2007：288）。

构式语法是以用法事件（usage events）为基础的语言模型（Langacker 2000），认为构式是语法表征的唯一单位，语法知识是以习语的方式来进行表征的（Croft & Cruse 2004），那些大量被传统生成语法归入"次要"或"边缘"的非习语结构与习语结构一样，都具有系统性和概括性，均为构式并应同等对待。这就成为构式理论产生和发展的基础。

Goldberg（2013：15—31）在 Hoffmann 和 Trousdale 主编的《牛津构式语法手册》中撰写了第二章（马文津、施春宏译），Goldberg 提出了如下观点。

构式主义主要的研究路径的基本原则是相同的，这些原则与主流生成语法不同，体现在以下方面。

① 语法构式（grammatical construction）：短语构式，跟传统的词项（lexical item）一样，都是学得的形式与功能对。（Lakoff 1987；Fillmore et al. 1988；Wierzbicka 1988；Goldberg 1995，2006；Birner & Ward 1998）

② 表层结构（surface structure）：语法并不涉及任何转换或者派生成分。语义直接与表层形式相联系。（Culicover & Jackendoff 2005）

③ 构式网络（a network of constructions）：短语构式、词、语素处于彼此关联的网络系统中；该网络中的各节点由承继性相连接（inheritance link）相联系。（Lakoff 1987；Langacker 1987；Fillmore et al. 1988；Wierzbicka 1988；Hudson 1990；Goldberg 1995）

④ 跨语言的变异与概括（crosslinguistic variability and generalization）：语言之间存在广泛的变异，跨语言的概括也确实存在着，这种概括可

以通过领域一般性（domain-general）的认知过程或相关构式的功能来进行解释。（Croft 2001；Haspelmath 2008；Evans & Levinson 2009）

⑤ 基于用法（usage-based）：语言知识既包括具体的项目（item），也包括语言概括（generalization），它们的详略度（specificity）层级有别。（Langacker 1988；Barlow & Kemmer 2000；Lieven et al. 2003；Tomasello 2003；Bybee & Eddington 2006；Goldberg 2006）

采用上述所有这些原则并非逻辑上所必需，而且也并非所有研究者都对每个原则同等重视（Gonzálvez-García & Butler 2006）。然而，这些基本原则确实具有重要的一贯性。

多数构式主义研究路径还深受如下几条原则的影响，这些原则传统上与认知语言学相关联。

a. 语义是基于说话人对情境的识解（construal），而非基于客观的真值条件。（Jackendoff 1983；Fauconnier 1985；Lakoff 1987；Langacker 1988；Goldberg 1995；Michaelis 2004）

b. 语义、信息结构和语用是相互关联的，它们都在语言功能中起作用。这些功能是整体概念系统的组成部分，而非离散的模块构件。（Haiman 1980；Fillmore 1985；Lakoff 1987；Langacker 1987；Lambrecht 1994；Goldberg 1995）

c. 范畴化并非基于充分必要条件，而是更多地基于范例的概括，尤其是基于原型范例及其规约化扩展形式的概括。（Rosch 1973；Fillmore 1977；Haiman 1985；Lakoff 1987；Talmy 2000；Abbot-Smith & Tomasello 2006）

d. 语言的首要功能是传递信息。因此，形式的差别是用来传达语义或语用（包括信息理论）上的差别程度的。（Haiman 1985；Lakoff 1987；Langacker 1987；Wierzbicka 1988；Croft 1991；Goldberg 1995）

e. 社会认知和身体经验的作用被视为解释语言学习和语言意义的基本方面。（Lakoff & Johnson 1980；Tomasello 2008）

不同的文章就应当有不同的翻译方法，不必非要统一落脚于某一点之上。如有些译者对翻译某类文体（如科技、说明书等）十分熟悉，且也很熟悉该专业。对于他来说，不必先通读原文再动手翻译，即语篇单位为次要，仅以意群和分句为单位就可译好原文。倘若译者对某一文体不熟悉，内容又很生疏，在翻译时所采用的策略就与上述方法不同了，不通读全文就难以驾驭全文要旨，此时翻译的语篇单位观则更具重要性。即使同一译者在翻译同一文章时，也不必完全固定于一个翻译单位，一竿子贯穿到底，当内容和用词熟悉时就以意群和分句为单位，若不熟悉就可能要考虑句群、段落乃至语篇了。翻译实践者对于这一点都有切身体会。

因此，我们认为翻译的构式单位可适合于这种情况，构式囊括了语言的各个层面，并不固定于一者。译者可根据具体情况择用自己的翻译单位，让其具有一定的调变性，这才符合具体情况具体分析的辩证观。我国在汉语研究中曾出现过"字本位、词本位、词组本位、分句本位、句本位"等本位大讨论，我们主张将汉语的研究单位定为"构式本位"，便可有效避免这类争论，且可根据具体情况确定自己的研究单位。翻译单位的研究与其道理相通。（王寅 2011a：81）

认知语法与构式语法同属于认知语言学框架内的语法分支，两种语法研究范式自然有交集，更有差异，Langacker（2005：157—189）在第一届国际构式语法会议上提交的一篇论文中专门进行了论述。该文指出，构式语法与认知语法的相同之处主要包括两者的非转换性、词汇句法构成的连续统等；但是，两者之间依然存在一些关键的差异，主要体现在构式语法对认知语义学中广为研究的意象图式、范畴化等认知机制重视不够，以及构式语法相对忽略了认知语法中非常重要的各种释义机制，尤其是普遍认知能力中的显影化能力（profiling）。

认知语言学中的激进构式语法（Croft 2001；王寅 2011a）认为：两语言找不到一个完全相同的构式，相关构式常常相互交叉，错综复杂，足以可见学得地道外语之艰巨性。激进构式语法对于翻译的启示是：翻译时不可能对号入座，常需做必要的变通，这也有利于我们更好地理解上文述及的观点——翻译具有创造性。

1. 构式语法的体验哲学基础

构式语法是针对乔姆斯基语法理论的不足而发展起来的。乔氏的语言理论基于先验哲学，是从笛卡尔的二元哲学观和形式主义哲学汲取哲学养料进而建构起来的形式语言学；构式语法理论体系的拓展与完善则受益于体验哲学，属于功能语言学范畴。在严厉批判西方客观主义传统哲学和乔氏转换生成语法的基础上，Lakoff & Johnson（1980，1999）摒弃传统的经验主义和理性主义的二元论调，创造性地提出了第三条哲学路径，即新经验主义（experientialism），后被称为体验现实主义（embodied realism），进而树起了体验哲学的大旗。体验哲学强调心智的体验性、认知的无意识性和思维的隐喻性，从而形成"一种全新的非客观主义哲学思潮"（孙毅 2012：115）。他们认为体验现实主义的本质就是主张"心智基于身体经验，意义基于身体经验，思维也基于身体经验"（Johnson & Lakoff 2002：249）。体验是一种互动过程，是具有遗传结构的个体与世界的交互，即"人和外部物质世界之间、人和由人组成的社会世界以及人和自身的内心世界之间的互动"（林正军，王克非 2013a：364）。构式语法理论秉承意义的体验互动观，认为"意义的产生不应单纯归功于认知主体的'内部'生理机构，也并非仅仅依赖于客体对象的'外部'输入"（Johnson & Lakoff 2002：248）。相反，意义的构建应源于认知主体与世界的动态交互。认知主体在与世界互动体验的过程中，对由其自身的运动感知系统所获得经验进行认知加工，进而形成概念结构，"概念结构由构式的意义来体现，构式的形式体现意义"（林正军，王克非 2013b：354）。形式和意义如同硬币的两面，不能割裂。构式语法强调构式是形式和意义/功能的匹配体，要通过习得的方式来获取，是具有概括性本质的语言在人的心智中的表征方式。构式语法的这一主张恰恰体现了人类概括和组织所获得的经验的认知活动，是建立在其与世界互动体验基础之上的。

2. 构式语法的基本观点

构式语法中关于构式的定义,当数 Goldberg 的最为人所接受。Goldberg 提出,"当且仅当 C 是一个形式和意义的匹配体〈Fi, Si〉,其形式或意义的某些特征都不能依据 C 的组成部分或先前已存在的其他构式得到完全的推知时,C 被视为构式"(Goldberg 1995:4);后来她又进一步完善这一定义,认为构式是"可被习得的形式和意义/功能的匹配"(Goldberg 2006:5)。在上面提到的不能"完全推知"(strictly predictable)的前提下,任何语言形式(linguistic pattern),包括词素、词等相对较小的语言单位及习语、篇章等,都可被视为构式。构式的形式部分涵盖语言符号的"音系特征、形态特征和句法特征";意义方面不仅包含"语义特征",还扩展至"语用特征和语篇-功能特征"(Croft & Cruse 2004:258)。所有的构式研究路径都视语法为一个整体的多维框架,各个层面的信息在这个框架中同等重要,"没有哪一个层级是自治的或处于核心地位。相反,在一个构式中,语义、句法形态、语音系统和语用因素共同运作"(Traugott & Trousdale 2013:3),发挥作用。这就告诉我们在进行不同语言间转换的时候,要兼顾构式的形式和意义,厘清源语和目的语在构式的音系、形态、句法、语义、语用、功能特征等方面表现出的共性和差异;这也预示着翻译中的对等肯定是多维度的。

构式被同一文化社团的人所共有,表现出其规约性的一面;同时又因为构式可外化为语言符号,是形式和意义在一定程度上的任意匹配,因此,构式具有象征功能。人们正是依据形式和意义/功能的匹配原则来构建不同的语言表达式,即语式(construct),亦可称为构式实例。不同语言中的构式实例通过不同语符呈现,毫无疑问会产生差异性,正如 Goldberg 所言,"在两种不同的语言中,找到两个在形式、功能及频率分布(distribution)方面完全一致的构式,几乎不可能"(Goldberg 2013:34)。同时,因为地理环境、社会文化发展的多样性等语言外部因素的存在,加之"在语言中,不仅存在世界(现实)因素,而且存在人的因素"(李洪儒 2005),也就是说人的认知能力、认知水平等方面存在很大不同,不可避免地会导致"不同民族或种族的语言对同一命题意义的表述可能存在一定的差异性"(林正军,王克非 2012),这种差异性主要体现在不同语言之间构式的形式存在差异,所以帮助实现语际间交流的翻译行为存在一定的必要性。

人们面对的世界具有相同或相似的规律,加之人的身体结构和器官功能相同,因而形成部分普遍的认知方式,这使得世界上不同的语言具有一定的普遍性。(王寅 2011a)语言间的普遍性主要体现在它们的语义来源路径相同,这样就为两种语言的互译提供了一定的可能性。

源语作者和译者在生理结构、认知结构、认知方式及他们赖以生存的外部世界等方面都存在共性。在与外部世界互动体验的过程中,他们都通过感觉运动系统获得相似的感知经验,然后形成相似的认知意象,这些认知意象经过大脑的加工又形成一些基本的相似的概念结构。这些概念结构分别通过源语构式的语义和译语构式的语义来呈现。关键之处就在于尽管源语构式和译语构式的形式有异,但是语义相通,即语义间存在共性。离开这种语义共性,不同语言间的语言形式就不会有语义关联,不同语言之间就无法沟通和交流。(林正军,王克非 2012)

3. 构式语法的研究现状和前景

侯国金(2014)对构式语法的研究现状和前景做了非常详细的分析。

撇开早期的研究,Fillmore 和 Kay 的教材《构式语法教程》长期在加州使用,虽然尚未出版,其"伯克利构式语法"模式影响极大。(参见 Michaelis 2012:38)De Beule & Steels(2005)的一篇《动态构式语法的层级性》和二人于 2006 年发表的《动态构式语法简介》是对动态构式语法(Fluid Construction Grammar)或语言意义的起源和发展的研究的新尝试。它是以 Fillmore 和 Kay 的统一构式语法和计算语言学为基础,以电脑实验和形式化为手段,探讨实际语境对话的一种构式语法模式。Steels 于 2011 年和 2012 年出版了两本论文集,也是动态构式语法方面的论著。构式具有双向性(bidirectional),构式加工具有动态或能动性(flexible),能够处理省略句、破句和病句。之所以叫"动态构式语法",是因为研究者看到了构式的动态性(fluid,fluidity),语言使用者常常变更和刷新(update)自己的语法。Bergen 和 Chang 的体验构式语法(embodied construction grammar)是美国伯克利的 ICSI 团队以统一构式语法为基础的语言神经理论(Neural Theory of Language),其构式观强调构式的语义成分和体验,尤其是感觉运动或动感(sensorimotor experience)的关系。体验构式语法声称,语符内容都涉及精神模拟(mental simulation),而且依赖基本的意象图式(image schema)。(Feldman 2006)Goldberg 等(2005)还进行了构式语法的儿童二语习得研究。

Sag(2012)的《基于语符的构式语法》(*Sign-based Construction Grammar*)一文论述了运用构式语法的新成就,传统语义学和句法学的概念和方法。Sag 提出过普遍语法原则,称为"语符原则"(sign principle):每个语符在词汇层和构式层都必须是(被)特许的。①只要满足某个词条的需要就会在词汇层得到特许;②只要孕育了某个构式/式(construct)就会在构式层得到特许。(Sag 2012:105)他的论文借用了多方语言学知识来发展或修饰语核驱动的短语结构语法(Head-Driven Phrase Structure Grammar)。武装以上述理论的构式语法使人"更清楚、更全面地看到概念与语词、句法与词汇、语内机制与语外使用的各种互动关联"(Sag 2012:105)。这一思想在 Boas & Sag(2012)主编的 *Sign-based Construction Grammar* 这本论文集(尤其是 Sag 所贡献的论文)中论述得较为成熟。这本论文集不仅有他们二人的相关论述,还有 Michaelis、Webelhuth、Kay、Barddal、Eythórsson 和 Fillmore 等人的辅助性论述。

我国的研究者早就注意到构式，只是没有使用这个术语。据陆俭明（2008）介绍，早在20世纪40年代，王力将"把"字句称为"处置式"。后来，朱德熙提出"高层次语法意义"，所指实为句式构式的意义。随着Fillmore等人，尤其是Goldberg的构式语法论著一被引介到中国后，我国汉语界和外语界出现了大批汉语构式语法研究者。如何爱晶、陆敏（2009）所云，"构式语法的实践性和操作性较强，符合中国人的认知心理特征，因此这一理论很快在国内流行起来"。我国的构式语法研究者把外国的四大流派研究成果介绍到中国来，如董燕萍、梁君英（2002），严辰松（2008），王寅（2006，2011a，2011b），梁君英（2007），刘国辉（2007a，2008），刘玉梅（2010）等。

有的学者还撰文探究一些汉语构式的认知机制。最早是朱德熙（1959），后来，越来越多的认知语言学研究者加入了构式语法的研究行列。值得介绍的是认知语言学之外的构式语法研究者，即几位从乔姆斯基语言学的视角讨论构式的学者，虽然他们研究的未必属于构式语法，但他们的研究对构式语法大有裨益，如黄正德（1990）、徐杰（1999a，1999b）、李宝伦、潘海华、徐烈炯（2003a，2003b）等。大多数研究者从汉语词汇学、语义学、传统语法、传统语言学、认知语言学等视角研究具体的汉语构式如王还（1990）、牛秀兰（1991）、王惠（2005）、熊学亮（2007）、刘国辉（2007a，2007b，2008）、刘晓林（2007）、严辰松（2008）、刘玉梅（2010）等，最为突出的是陆俭明（2008，2009）、徐盛桓（2009）、沈家煊（2009a，2009b）、石毓智（2007a，2007b）、王寅（2006，2011a，2011b）等，这里无法陈列全部构式研究者的全部作品。

4．不同的声音

由于构式语法仍然有一些尚未成熟的地方，甚至有不可克服的弱点，虽然在西方语法学界声誉日隆，总体影响也越来越大，但是，对此仍一直存在不同的声音。（陈满华，贾莹 2014）

乔姆斯基作为形式语法最重要的代表人物，并不接受构式主义的方法。他坚持自己的观点：语法的任意性和特异性方面（arbitrary and idiosyncratic aspects）应该限制在词库，没有必要从语法构式的角度进行解释。他在最初发表于1993年的《语言理论的最简方案》中说："普遍语法（UG）提供固定的原则系统和一定配价的限定性模式（a finite array）。特定语言的规则简化为对这些参数配价的选择。语法构式的概念被摒弃了，特定构式的规则也随之被摒弃。"（Chomsky 1995：170）就是说，乔姆斯基坚持简化主义，抵制构式主义。

其他学者对构式语法理论也有保留意见或不赞同。Keith Brown 主编的《语言及语言学大百科》（Encyclopedia of Language and Linguistics，2006年出版）专门设立了 construction grammar 词条，并邀请写过构式语法重要论文的 Michaelis 撰写此词条，篇幅多达12页。（Michaelis 2006：73—84）而另一部由 P. Strazny（2005）主编的《语言学大百科》（Encyclopedia of Linguistics）中，有 empty morpheme（空素）、configurationalty（构型性）等词条，却不单独介绍构式语法，这不可能是编者的疏忽，而应该是体现了编者的取舍和评判的态度。一些学者对构式语法的一些具体思想也提出了不同意见，如 Newmeyer（2003）发表《语法是语法，使用是使用》（"Grammar is grammar and usage is usage"），对基于使用的语法模式（a usage-based model of grammar）提出了质疑，Newmeyer 认为，认知语法和优选论等异类理论（disparate approach）所提出的基于使用的模式是反索绪尔的（anti-Sausurrean），他要维护 Saussure 关于语言知识和语言运用的关系的经典思想。虽然这篇论文并不是直接针对构式理论的，但是，我们知道，Langacker, Goldberg 和 Croft 等推崇基于使用的语法模式。因此，Newmeyer 的论文对构式语法（至少对其中大部分流派的构式语法）的理论基础是一种挑战。

毋庸置疑，构式语法理论被借鉴过来后，得到了广泛的拥护。同时，我国学者也开始关注构式语法可能存在的局限。石毓智

(2007c)在充分肯定了构式语法优势的同时,对该理论提出了一些质疑。譬如,他认为,构式的定义"扩大""不合理"[该质疑又见于邓云华、石毓智(2007)],"烦琐而不反映语言使用者的理解过程""尚未解决语法结构的多义性问题"等。

徐盛桓、陆俭明等学者在评价构式语法时表现出了很慎重的态度,他们对构式语法的评价或批评是建立在对所批评的内容比较有把握的基础之上的。尽管学者持有不尽相同的学术观点,如果能把不同意见或疑问提出来,这会有利于推动学术的发展。总而言之,构式语法前景诱人,若要进一步发展,可谓任重而道远。

2.2.2.4 构式语法视阈中翻译研究的话题透视

1. 翻译是什么

"翻译是什么"这一追问实际在唤起人们对翻译本质的思考。

现代翻译研究领域出现的定义主要包括以下几种解释:①翻译是指"用其他语言来解释语言符号,并将翻译过程理解为将一种语言中的信息替换为另一种语言中的完整信息,而非替换为孤立的语码单位"(Jakobson 1959/2000);②翻译是"把一种语言(源语)的文本材料替换为另一种语言(目标语)中对等的文本材料"(Catford 1965);③翻译是"从一套语言符号到另一套语言符号的'意义'转移"(Lawendowski 1978);④翻译是指"从语义到文体,用贴近的自然对等语在接受语言中再现源语信息"(Nida & Taber 1969/1982);⑤翻译指"生成一种与特定源文本有关系的功能型目标文本,这个关系是根据目标文本应达到或需要达到的功能(翻译目的)来加以说明的"(Nord 1991:28);等等。

认知翻译学认为,翻译是一种行为、一种活动,表面看来是译者在不同语符间进行转码的行为和活动,但这只是翻译活动在我们面前呈现出的表象,是翻译的认知冰山浮出水面的一角。认知翻译学家认为翻译过程本质上有着认知的属性,翻译是一种以现实体验为背景的认知主体(译者)所进行的认知活动。根据体验哲学与认知语言学的观点,人是基于对客观外界的感知和经验来概念化外部世界的,语言是人认知世界的产物,这说明在现实和语言之间有个中间层次,即人的认知;同时也体现出现实—认知—语言的三元关系,即现实先于认知和语言,人的认知源于对现实的互动体验,而语言则是现实和认知互渗的结果。

由此观之,翻译也是一种以互动体验为特征的认知活动。首先,译者对源语文本的解构有着一定的认知依赖性。表面看来,译者对源语作品的解构是通过与源语作品在字、句、段、篇层面的互动实现的,是对源语语式的具体操作,实则不然。译者还要透过源语作品来解析原作者对世界的认知,也就是剖析原作者通过与其所处的客观自然世界、社会世界及其自身心理世界的互动后形成的概念化意义。其次,译者对译语文本的建构也有着一定的认知依赖性。译者建构译语文本时,肯定要依据目的语语式的组配规约进行,但是,译者也会更多地考虑译文读者的认知状况、认知水平和认知能力等相关认知要素。基于以上论述,无论是解构还是建构,翻译这一复杂过程都深深打上人类认知的烙印。通过解构与建构,译者在两种语言间、在与源语作者间、与译文读者间、与外部世界间进行一系列互动体验,其结果是生成具有可读性、通顺性、创造性的译文。因此,我们必须基于体验和认知,认清翻译行为的认知属性,抓住翻译是以现实体验为背景的认知主体(译者)所进行的认知活动这一本质,才有可能对翻译活动做出始源性的理论解释。

2. 译什么

"译什么"通常是指对源语作品的选择,此处主要讨论的是译者通过源语作品译出什么。译者翻译的是传统语法规约下的编码意义,还是传递超越字面意义的其他东西。我们主张翻译绝不是发生在真空中的两种语言文字之间的转换。译者翻译活动的显性特征是在两种语式间进行转换操作,似乎只要按照目的语所允准的构式组合方式进行即可,但是,翻译活动绝非如此简单,译者也绝不想浅尝辄止,只译出字面间意义即可。我们认为在翻译过程中，译者要翻译的是原文作者通过与外部世界的互动体验后建构于源语文本中的概念化意义，并期望译语读者能够对这种意义进行识解。

3. 如何译

"如何译"这一发问本质上是在宏观层面对翻译原则的审视，也是在微观层面对翻译策略的思考。对于辖制翻译活动的翻译原则，我们基于 Langacker 认知语法理论的识解观提出了认知等效的观点。识解指人们用不同的方法认知同一事态的能力，主要是一系列"认知操作，能帮助人们从不同的选择中确定恰当结构的可能性"（Radden & Dirven 2007：21）。认知等效指译者作为翻译活动中的认知主体，"在充分识解源语作者在原文中表达的概念化意义的基础上，结合对译文读者识解能力和识解方式的考察，将识解的意义'复制'到译文当中"，即通过目的语语式间的操作，"将识解义明示给译文读者，使其达到充分体验性的效果，也就是和源语读者最大相似的体验性效果"（金胜昔，林正军 2015b）。实现认知等效的操作路径有二，即寻求译文中识解维度（包括详略度、辖域、突显、视角）与原文中识解维度的最大关联或最佳关联。（金胜昔，林正军 2015b）认知等效的原则并不否定或排斥译文与原文在形式或功能上的近似对等，只不过要基于认知等效原则的辖制，因为认知等效是最核心的原则，是第一位的。说"近似对等"，是因为从构式语法的角度审视，构式具有跨文化差异性的特质，源语构式和译语构式在字、句、段、篇各层级都存在一定的差异，我们不能盲目地用目的语语言的构式去应对源语语言的构式；从体验哲学和认知语言学的视角来看，译者需要同时兼顾源语和目的语背后的认知状况及其他社会文化要素，而这些状况和要素有别，甚至泾渭分明。负载这些要素功能的译文和原文在形式和功能上必然不能实现完全等值，这也就说明对等只能是近似的和多维度的。

在认知等效原则的辖制下，译者可以采取归化策略或是异化策略，采用直译或是意译等手段来构建译文语篇，这正彰显出译者的创造性，也体现出译者主体性的建构。但是译者的创造性翻译绝不是天马行空，而要"创而有度"。

2.2.3 认知翻译与信息加工

2.2.3.1 信息加工范式与认知翻译学研究

关于信息加工的一般原理，Newell 和 Simon 提出了迄今最为完整的说明。他们认为，无论是有生命的还是人工的信息加工系统都是操作符号。（Newell & Simon 1972）在信息加工系统中，符号的功能是代表、标志或指明外部世界的事物。一些符号通过一定联系而形成符号结构，即语句。他们进一步指出，信息加工系统就是符号系统。索绪尔是语言科学的奠基人，在其最富影响力的《普通语言学教程》中，他明确提出了自己的符号学语言观，认为语言符号是语言学的基础和出发点，语言是一个符号系统。（乐眉云 1997）由此可知，源语（包括通过视觉通道和听觉通道接收的信息，即文本和口译前输入）和目的语都是由符号和符号结构联结而成的符号系统。译者面对的源语符号系统是按以下方式形成的：源语语言符号通过一定联系形成符号结构，而各种符号结构又通过一定的联系进而形成符号系统。源语符号系统中的符号和符号结构通过一定联系互相作用而形成的符号系统与信息加工系统的符号在本质上相似，能够表征外部世界的事物，也就是源语符号系统能够表征其所指系统，符号系统的能指系统与所指系统的关系便决定语言符号的意义，即源语意义系统。源语的意义系统能构建出原著作者的认知世界，译者的翻译过程便是对原著作者构建的意义系统及认知世界进行认知的过程。从以上分析来看，认知翻译学研究与信息加工原理具有研究的较大兼容性。

Newell 和 Simon 认为，包括人和计算机在内，信息加工系统都是由感受器（receptor）、效应器（effector）、记忆（memory）和加工器（processor）组成。（王甦，汪安圣 2006）感受器接收外界信息，效应器做出反应,信息加工系统都以符号结构来标志其输入和输出,记忆可以贮存和提取符号结构。当译者面对一个源语符号系统时,首先接收到的是它的外界信息,即源语符号结构,译者接收到这些符号结构信息后便进入信息加工系统的加工器。此加工器包含三个因素:一组基本信息过程(elementary information process)、短时记忆(short-term memory)和解说器(interpreter)。(王甦,汪安圣 2006)译者在接收到一组基本信息即源语的符号结构后,其信息加工系统中贮存的前符号结构(即前知识)会与接收到的符号结构相互作用,制作新的符号结构,复制、改变已有的符号结构。短时记忆对基本信息过程所输入和输出的符号结构有保持作用,再经由解说器的作用,即将基本信息过程和短时记忆加以整合,就能决定基本信息过程的系列,最后经由效应器以新的符号结构做出反应,即产生目的语符号系统。根据信息加工理论,目的语符号系统的产生是译者信息加工系统作用的结果。整个理解和表达的翻译过程就是译者对源语符号系统以信息加工的方式认知的过程。其信息加工认知可以概括为输入、输出、贮存、复制、建立符号结构和条件性迁移。以前也有学者对翻译的过程进行心理分析,但认知心理学的启示与其他分析所不同的是:此范式下的翻译研究不仅主张研究译者翻译过程中的内部心理机制,更重要的是提出了以信息加工范式为新方向的翻译过程研究,具有更强的客观性和科学性,有效避免了分析的主观性和随意性。翻译过程的信息加工研究范式在于主张翻译认知活动本身的结构和过程,并且把这些心理过程看作信息加工过程。信息加工范式来自人类认知与信息的计算机加工之间的类比,其理论隐喻是"心理活动像计算机",它把人的心理活动比作计算机对符号的逻辑操作,认为人脑像电脑一样具有对信息的接受、储存、编码、转换回收和传递的功能。这样,人就成为一个符号加工系统,通过对符号的表征和加工而实现认知的功能。由此可知,人的大脑就是"硬件",其信息加工过程就是"软件",此范式下的翻译研究就是要研究此"软件"的运作机制。翻译是一种特殊的认知活动，译者作为翻译的主体是翻译过程的核心，译者信息加工范式的认知心理研究对于理解翻译过程的内部心理机制，了解译者的心理结构和认知过程，赋予翻译研究客观性和科学性具有重要意义。信息加工研究范式对翻译研究的重大启示与价值在于以下几个方面。

① 翻译研究应该研究译者在翻译过程中的意识或心理活动。以前的翻译研究过于强调源语符号系统的语言学层面，忽略了译者的认知心理结构和过程，即便有研究翻译心理的，基本上也是缺乏系统性与客观性，而是主观性、模糊性的描述。信息加工范式下的翻译研究，把源语符号系统及译者的心理活动看成是由符号及符号结构组成的符号系统，译者的翻译过程就是信息加工系统运行的过程，其具有客观性和统一性的运行语言类似于计算机 0 和 1 运算语言的符号结构，此翻译研究范式对于人们掌握大量实验室数据及更客观地研究翻译过程具有巨大优势。

② 译者的心理过程可理解为信息的获得、贮存、加工和使用的过程。首先，译者接收到源语系统的符号结构，通过短时记忆贮存下输入和输出的符号结构；其次，结合前符号结构对接收到的符号结构进行处理，也就是加工机制。此过程也就是译者的理解过程，只不过此理解过程不是没有基本单位的模糊性阐释，而是以符号结构为基本单位的认知处理过程。最后一个阶段就是使用。经过前面的阶段，目的语符号系统的成型就是一系列认知过程的结果，就是使用新符号结构表征的新符号系统，也就是译本（这里指笔译）。因此，翻译可以看成是经历一系列连续阶段的信息加工过程。

③ 此范式下的翻译研究能运用科学的研究方法和先进的研究工具，体现信息加工心理学的研究方法和工具的现代最高水平，具有重大的时代意义。既然信息加工范式下的翻译研究具有计算机信息处理的特质，其信息加工系统也被看作是类似于计算机的信息处理模式，研究者也就完全可以通过编制计算机模型来研究翻译心理过程，此研

究范式具有较高的前瞻性和科学性。

④ 此范式下的翻译研究更关注对译者思维、记忆等高级认知过程的研究，带有明显的跨学科性质，这为翻译研究打开了更为广阔的天地。

⑤ 强调译者的能动作用及其既有的经验、知识在信息加工过程中的作用，这对于研究译者翻译心理活动的本质具有重要意义。

2.2.3.2 信息加工认知翻译学研究的方法

信息加工方法的核心思想是，认知可以视为信息（我们所看见、听到、阅读和思考的内容）在一个系统（即我们，或更具体地说，是我们的头脑）中经过。(Galotti 2005) 信息加工将经历侦测、识别、记录、提取、推理和概念等阶段，符号结构经历这一系列阶段后便进入最后一个阶段——反应输出，目的语符号系统便由此形成。翻译过程的信息加工经历了前面分析的一系列阶段，此范式的目标之一就是要确定这些阶段和存储位置，以及它们具体是如何运作的。(Galotti 2005) 信息加工范式下的翻译研究以实验（experiment）和准实验（quasi-experiment）的技术和方法来进行是最符合其类似于计算机信息加工过程特质的。进行实验控制，意味着实验实施者可以将参与的被试分派到不同的实验条件之下，以尽可能地减少他们事先存在的差异。理想的情况是，实验者除了能够控制研究所关注的变量之外，还能控制所有可能影响被试表现的变量。一个真正的实验是，实验者操作一个或多个自变量（实验条件），并观察记录的结果（因变量）是如何随之发生变化的。此范式下的研究可采取被试间设计（between-subjects design）和被试内设计（within-subjects design）。被试间设计是指不同的实验被试被分配到不同的实验条件中，研究者从中寻找两组被试的差异。与之相对的被试内设计是指将同一名被试放在一个以上的实验条件之中。(Galotti 2005) 此两种设计的运用可以贯穿于以下具体方法之中并提高其研究的准确性和科学性。在下面的具体方法中，实验和准实验都可以按照两类设计模式进行。可将两名不同的被试译者放在不同的实验条件下进行对比认知研究，不同的实验条件便是自变量,不同的实验结果便是因变量,通过分析自变量对因变量的影响过程便能对译者的翻译心理历程有一个较客观的了解。此外,也可将一名被试译者放在一个以上的条件下翻译特定作品,而自变量就是此一个以上的条件。研究者通过改变此自变量,从而改变被试译者的认知而产生不同的译本。通过分析这些不同的条件是如何影响实验结果的,便能对译者的翻译心理结构和认知过程有一个较全面和客观的认识。由于自变量会妨碍随机分配,因此,实验就不能随意将被试分配到不同的性别、种族、年龄或教育背景组别中。除此之外,有些研究在其他方面很像实验,这被称为"准实验"(Galotti 2005)。虽然准实验在统计学层面上具有一定的劣势,但其研究过程具备实验的特质,其结果仍然具有较强的科学性,因此在译者翻译心理研究中仍然予以采用。实验和准实验使得研究者可以分离出那些成为原因的因素,能够更为科学有效地说明因果性。被试间设计和被试内设计两种模式对译者本身的心理结构与翻译心理历程研究具有关键作用,因而可以有效地运用于以下具体方法之中。

1. 对照实验

在对照实验设计中,实验者在实验环境下通过控制某些因素来进行研究,研究者操纵自变量,控制无关变量,观察因变量的效应。(Galotti 2005) 在应用实验方法时,实验者应该选用研究群体中的代表性样本,对实验条件严格控制,将被试随机分配到处理组与控制组。如果实验条件下的结果与控制条件下的结果有统计学意义上的显著差异,那么,实验者便能在自变量与因变量之间建立具有逻辑与科学意义上的推论,此推论就具备一定的普世价值。认知翻译学研究的被试者是译者,实验者需要控制被试的个体差异,比如性别、年龄、性格、教育背景、生活经历等难以随机分配到处理组与控制组,研究的自变量可以包括指定文本类型、特殊翻译指令、词法或句法特征等,最后通过分析产生的文本差异和自变量之间的关系便能基本分析出被试的认知过程差异。同样,若要研究译者性别、年龄、性格、教育背景、生活经历、双语语言与文化水平等中的某个因素对产生文本造成的差异从而揭示其认知过程的话，此类因素也可以将其设定为自变量，其他因素设定为控制变量。实验对照法易于操作和统计分析，能够较容易地应用于代表性样本，具有相对较高的有效因果推论概率；但不足之处在于，实验环境与现实环境之间的差异性及个体差异信息被弱化的情况可能会对实验结果出现偏差。

2. 自我报告

在研究慢速的信息加工过程时可利用自我报告法。翻译的信息加工过程一般持续时间较长，内部操作较为复杂，存在多种选择的可能性，而译者在翻译过程中的思维活动是无声的，难以通过直接观察而深刻把握，因此，对被试译者采用近似于被试内设计的准实验自我报告法能够有效地把握译者的心理机制。自我报告就是被试对自己认知过程的描述，包括口语记录、日记、回忆、问卷和调查。实验者可以控制某些自变量，如年龄、性别、专业背景和文化背景等，考察被试在给定的某个或某些自变量（如文本类型、文本难度、词法或句法特点、特殊翻译指令等）下的因变量，进而了解被试译者的心理机制。可以让被试译者在完成指定翻译任务的过程中将心中的思考同时说出，并通过录音机记录，实验者再将录音机录下的口头报告整理成文字材料。这类记录包含许多有价值的资料。随后，实验者对口语记录以信息加工的观点进行细致分析，得出的结论便能较为清晰地说明被试译者在翻译过程中的认知情况。日记和回忆具有类似的特质，只是具有一定的延时性，但仍然具有一定的实验价值。问卷和调查由实验者设计出一系列问题，可以将设计的问题视为自变量，通过分析被试的不同回答（即因变量）而分析其认知差异。问卷和调查具有一定指向性，对于分析译者某些特定认知活动具有重要价值。自我报告法对于译者的认知心理研究具有重要实践价值，不足之处在于：不能报告意识知觉之外的加工；口语记录的数据收集可能会影响所报告的认知加工；现实认知与回忆的认知加工和结果之间可能会存在差异虽然此法有一些难以控制的自变量，但是自我报告法对于研究翻译认知仍具有非常重要的价值，而且能获得被试的内省思想，这是其他方法难以做到的。

3. 计算机模拟与人工智能

Robert J. Sternberg 指出，电子计算机在认知心理学研究中具有根本性作用，其影响既是间接的（通过基于计算机如何加工信息的认知模型），又是直接的（通过计算机模拟和人工智能）。(Sternberg 2006) 在计算机模拟中，研究者设计程序使计算机模拟人的机能或信息加工，比如执行特定的任务（如翻译一篇中文古诗）或执行特定的认知加工（如误译心理识别）。现代信息科学的发展使得人工智能与计算机模拟的界限越来越模糊，因此常常结合使用。由于被试译者的翻译过程属于信息加工过程，通过特定的计算机程序便能处理被试译者在翻译过程中的符号结构流动过程，此方法优势在于具有较强的准确性，而且处理快捷。

下面简要介绍两种具体方法：一是 Translog（翻译日志软件），二是 Camtasia（鼠标屏幕录像法）。Translog 是由 Arnt Jakobsen 开发出来的一款计算机监控记录软件。它可以用来记录键盘击打数、字符数、比值、延时和电子词典查阅数等。实验时，要求被试直接把所翻译的内容键入翻译日志之中，软件就可以把整个翻译过程记录下来。此外，该软件还可以对翻译过程进行分析。这样，研究者便能对翻译用时、停顿次数与间隙时间、修改次数与类型等进行细致分析，从而在一定程度上了解被试译者在翻译过程中的认知状况。Camtasia 是能够记录屏幕变化、鼠标移动轨迹及同步音频的工具软件，能在任何颜色模式下轻松地记录屏幕动作，包括影像、音效、鼠标移动的轨迹、解说声音等。通过外接摄像头记录下被试译者在翻译过程中的一举一动（包括其周围的环境）。完成指定任务后，研究者将视频材料编辑整理后让被试译者观看并追溯其翻译行为，分析其动因。目前，虽然计算机模拟和人工智能的发展并不完善，但随着计算机科学的快速发展，利用计算机模拟和人工智能对译者翻译的心理结构和认知过程进行分析将会更加科学有效。

2.3 翻译的认知模型

结合以上论述，我们基于体验哲学的观点，从构式论的视角出发，立足源语作者、读者兼译者及译语读者间的三元关系，初步构拟翻译的认知模型，如图2.3所示。

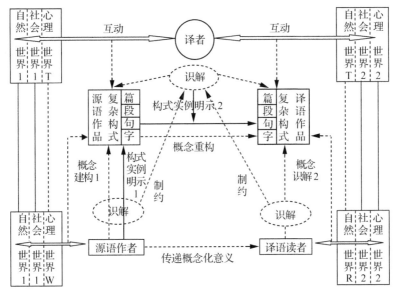

图2.3 认知翻译模式（金胜昔，林正军2015a）

通过图2.3可知，源语作者通过与自己所处的自然世界1、社会文化世界1和自己的心理世界W的互动体验，"形成感知经验，感知经验以认知意象的形式呈现在人脑中，经过大脑的认知加工形成一些基本的概念结构"。原文作者"运用这些基本的概念结构组织较为抽象的思维，从而逐步形成语义结构"（林正军，王克非2013a）。在进行一系列识解操作后,源语作者最终完成概念建构1,并按照源语构式允准的组配方式,最终通过构式实例明示1形成源语作品(复杂构式)。译者基于与社会文化世界1、自然世界1及自己的心理世界T的互动体验,经过一系列认知操作,对源语作者建构于源语作品中的概念进行识解。当然概念识解1是通过把源语作品(复杂构式)解构为各组不同的构式,并析出其不同组合义的路径进行的。然后译者再基于目的语读者所处的自然世界2、社会文化世界2及译者自己的心理世界T的互动体验,并按照译入语允准的构式组合方式进行语式层面的操作,即凭借构式实例明示2,重构所识解的概念化意义于译语作品中。译语读者对蕴含于译语作品中的概念义进行识解,以期得到和源语作品读者最大相似的体验性效果。源语作者和译语读者通过概念化意义传递建立交际联系,而源语作品与译语作品间则存在着概念重构的关系。源语作者和译语读者的识解方式对译者的认知操作有着一定程度的制约,对译者创造性翻译有着一定程度的影响。下面就一些具体的细节展开论述。

2.3.1 三重互动体验

在认知翻译模式图中,我们基于内外部关系,把世界划分为客观自然世界、由人与人组成的社会世界及人的心理世界。人的认知、理解、思想都是以我们与上述三个世界开展的互动体验为基础的。从这个意义上说,源语作品的形成首先是基于源语作者与世界的互动体验,这是我们所指的第一重互动体验。

译者对原文的理解和对译文的处理也具有体验的性质,这构成翻译活动中的第二重互动体验。

译者在翻译过程中的互动体验主要体现在以下几个方面:

1. 与两种客观现实的互动体验

客观现实是无限丰富的,认知主体对客观现实的互动体验所形成的心理现实往往只是其中的部分。对两种客观现实都具有丰富的体验,有助于理解作者的作品所描写的客观现实,这就是人们更加青睐"中西合璧(联姻)式"译作的原因,如杨宪益夫妇、葛浩文夫妇、陈迈平和陈安娜夫妇。当然,即使译者缺乏对作者所处的客观现实的体验,但由于有对自身所处的客观现实的体验,他对作者的作品也是能够理解的,因为作者和译者所处的客观现实(生态环境和社会环境)往往具有一定程度的相似性;即使客观现实完全不同,但也可以通过人类都具有的隐喻性认知机制加以体验。这可以解释庞德和林纾的翻译现象,即虽然对作者所处的客观现实没有切身体验过,但翻译出来的作品依然那么感人,为人称道。

2. 与作者—读者—人物的互动体验

这种体验就是"设身处地"的体验。这里的"设身处地"有三重含义:一是"设身作者",即译者把自己设想成作者来谈自己如何写以及为什么要这么写;二是"设身人物",即译者将自己置于情景之中或把自己设想成作品中的人物去体验作品人物的经历和喜怒哀乐。三是"设身读者",即译者把自己设想为译语读者,这有助于译语的可读性和通顺性。

3. 与两种语言现实的互动体验

对语言现实的体验,并非指熟背单词和语法化规则,而是体验实词所指对象或所欲表达的概念和体验语法化背后的意图。译者对源语现实和译语现实的体验,更多地要体验二者之间在音、字、句、篇四个层面上的差异,并以再现源语所欲表达的心理现实为宗旨,根据源语和译语的差异来制订翻译策略。

4. 与两种心理现实的互动体验

在翻译过程中,译者在将源语翻译成译语之后,往往会将两种语言现实还原成两种心理现实,并对比两种心理现实的异同,然后以心理现实的同一性作为翻译的标准。

译者的这种体验有着很高程度的丰富性,这是因为与译者进行互动的世界呈现出跨域性。所谓跨域性,是指译者所要认知的世界既包括源语作者所处的自然界、社会世界，还要涉及目的语读者所体验的自然世界和社会世界。不管是自译还是他译，译者的互动体验对象都包括上述跨域的两个世界。译者的这种互动可以通过其身临其境的体验完成，也可以借助其他途径，如书本、影音资料等方式实现。但是，只有译者亲身的体验才能更好地帮助其实现对源语作品的体验性理解，最终获取源语作者的创作意图。读者对于目的语文本中概念化意义的识解也要基于其与世界的互动，这是我们所说的第三重互动体验。

2.3.2 视源语作品和译语作品为复杂构式

由图2.3可知，源语作者通过与社会世界、自然世界和心理世界的互动，经过一系列认知操作，形成意义和形式匹配的源语构式。构式有简单复杂之分。"简单构式指不能再进一步分解的形式和意义匹配体，复杂构式由两个或两个以上的构式组合而成"（林正军，王克非2013a）。源语作品是若干简单构式与简单构式的组合、简单构式与复杂构式的组合，或者是复杂构式与复杂构式的组合。因此，源语作品其本身可以被视为复杂构式。同样道理，译语作品也可以被看成复杂构式。当然，译者分析理解源语作品这一复杂构式，也就是对源语构式进行解构，包括确定源语图示构式及事件类型（event type），解析各个语式的组合关系及组配意义，等等。如果脱离译者与源语作者所处的客观世界、社会文化世界及自己心理世界的互动，脱离译者与源语语篇的互动体验的话，这种解构也就成为无源之水、无本之木，将没有任何存在的意义。在解构源语作品这一复杂构式之后，译者必须兼顾目的语背后的认知机制，基于自己和目的语所在的客观世界、社会现实及译者心理世界的互动体验，再按照译入语允准的构式组合方式进行重构，建构译入语语篇这一复杂构式。

将源语作品和译语作品分别视为可再分的复杂构式，能够使翻译活动置于形式和意义统一的框架下进行，有利于译者在两种语言的不

同层级上进行灵活的操作，也就是说，在翻译过程中，不宜将翻译单位固定在某一层级上。（王寅 2012）

2.4 翻译认知加工

认知加工都是在人的工作记忆中进行加工的。然而，由于工作记忆的加工容量只有 7 +/- 2 个单位（王甦，汪安圣 1992：137），那么翻译认知加工的单位是什么呢？译者又是如何一步一步地加工（即加工步骤）呢？

2.4.1 翻译认知加工单位

Bransford & Franks（1971）进行了一系列实验来调查人们如何整合来自不同句子的信息的。他们给被试呈现含有不同命题数量的句子。命题集从含有四个命题的句子开始，然后把这些命题分解成不同的陈述句。实验假设大脑记忆的是句子意义而不是句法结构。实验结果证明，大脑记忆的是整个语义观念而不是具体的句子，而且，被试能记住命题的精确意思和语义信息整合后命题之间的语法关系，却记不住精确的措辞。

这个实验不仅证明了人的认知加工是一种信息加工，而且也证明认知加工单位是命题而非句子。那么，什么是命题呢？

史密斯和威尔逊（1983：161）说："命题是撇开句法形式和音位形式，旨在表现语义结构的抽象的东西。"此定义中，"撇开句法形式和音位形式"就是去语言化过程，即将句中字词还原成概念及概念之间所形成的关系（即"结构"）；"抽象"是指命题的书写形式不是按照自然语言的句法形式和音位形式，而是采取 R（X，Y，Z）形式。括号中的 X，Y，Z 表示概念，在自然语言中称为名词；R 表示概念之间构成的各种关系。根据充当 R 的词性，颜林海（2008：200—201）将命题分为四类：动词命题[V（X，Y，Z）]、系词命题

[Be (X, Y)]、形容词命题[adj (X)]和介词命题[Prep (X, Y)]。

我们认为,既然人的认知加工是以命题为单位,那么,翻译也可以命题为加工单位。

2.4.2 翻译认知加工步骤

翻译中的认知加工包括范畴化和概念化,认知加工对象和结果都是意义。翻译理解如此,翻译表达也是如此。

2.4.2.1 翻译理解

从翻译体认观看,翻译理解的过程就是译者通过互动体验的方式将源语现实还原为心理现实的过程,即去语言化的过程。去语言化包括去词汇化和去语法化。去词汇化就是将源语实词还原为其所表达的概念,去语法化就是寻找源语语法手段背后的意图,并建构整合概念与概念之间所构成的心理现实或意象图式。

从翻译操作角度看,翻译理解可以分为三个步骤:命题刘分、命题层次化和命题小句化。命题刘分,或命题分解,就是"把源语语篇分解成命题集合,即对原文进行命题信息加工"(颜林海 2008:202)。从本质上说,命题刘分就是将源语进行去词汇化和去语法化的过程,旨在将源语符号还原为语言所承载的心理现实。具体地说,就是寻找源语心理现实中概念之间的关系。命题层次化是指"找出整个句子或段落或文本的命题层次网络"(颜林海 2008:203),换句话说,就是寻找源语心理现实中各个概念之间的等级关系。命题小句化"实际上就是用源语对命题重新进行语法编码"(颜林海 2008:203),即将源语心理现实中的每一种关系重新源语化,因为人们平常都习惯于用自然语言理解。

2.4.2.2 翻译表达

现实—认知—语言这个原则本质上就是一个语言生成的过程,因此,对翻译表达更具有解释力,因为翻译表达的过程就是译语生成的过程。在译语生成过程中,译者会对源语和译语的音、字、句、篇四个层面加以比较、斟酌,寻找两种语言现实的差异性及其最佳转换策略,力求将源语所承载的心理现实得到再现。

从操作角度看,翻译表达可以分为小句翻译(包括字词翻译和小句翻译)、译语整合和译语润饰。小句翻译是指将用源语重新小句化后的句子用译语语言化,小句翻译包括两个过程:译语词汇化和译语语法化。前者是根据源语心理现实中的概念去提取译语词汇,后者是根据译语的语法规则加以组词造句。译语整合是指根据源语心理现实中各种等级化命题按译语积句成篇的规则加以语法化。译语润饰是指根据作者的意图和源语的心理现实对译语的字词、句式和篇章加以修饰,力求最贴切地表达作者的意图,使译语承载的心理现实与源语承载的心理现实保持同一性。

综上所述,当代学者要能更好地在后现代哲学视野下建构和实践认知翻译学,当走"上勾下联"的路子,即立足于翻译学或语言学阵地,一方面向上发展,进入"形而下"层面,从哲学等高度建构理论系统;另一方面也可向下联通,进入"形而上"层面,运用先进设备做实验,以数据说话。将三个层次打通,真正实现"三合一",这既是 21 世纪外语科研人员所追求的目标,也能有力推动我国翻译学和语言学的建设尽早进入世界学术前沿。

第三章

认知翻译学：范式与方法

翻译学借助于语言学、文论、哲学理论等不断丰富自身，建构了多种翻译理论，特别是近几十年来取得了长足进步。仅就语言学理论而言，翻译学就根据结构主义、功能主义、转换生成等理论提出了一个又一个新理论。Toury（1988：11）曾指出："Theory formation within Translation Studies has never been an end in itself."（翻译研究中的理论建构永无终结。）近年来认知科学和认知语言学的迅猛发展也辐射到了翻译研究之中。

西班牙翻译家 Martin（2010：169）提出了认知翻译学（Cognitive Translatology）这一术语，但她认为当前该学科尚处于起步阶段，极不成熟，属于"前范式（pre-paradigm）"阶段。也就是说，将认知科学+认知语言学与翻译学有机地整合起来，形成一门较为完善并被普遍接受的研究大脑黑匣子中翻译过程的学科，还有漫长而艰辛的路要走。1995年召开了口笔译认知过程国际研讨会，1997年出版了同名论文集，这标志着翻译与认知的跨学科研究正式开始，推动了翻译理论建设，也为认知科学开拓了新领地。

Shreve & Angelone（2010）认为，翻译的未来方向是从认知角度研究翻译，且在近期将会硕果累累。Halverson（2010）指出，我们必须明确地沿着认知理论向前发展翻译学。Martin 也持相同观点。Martin（2010）在前人研究的基础上，直接提出了认知翻译学（Cognitive Translatology）这一术语，主张在该学科中尽快建立理论与实践之间的互动研究。与该术语类似的表达还有：Cognitive

Translation Theory, Cognitive Theory of Translation, Cognitive Translation Studies, Cognitive Approaches to the Study of Translation 等。他在文中论述了体验性认知（Embodied Cognition）、情景性认知（Situated Cognition）和分布性认知（Distributed Cognition）之间的关系①，这与国内学者王寅等（2005，2007）近来所论述的体验认知观（简称"体认观"）颇为相同。

我们知道，翻译的文化派划分了人文方法与科学方法，且将翻译定位于前者，而 Martin 则倡导科学－人文视野（Scientific-humanistic Spectrum），即将这两大类方法结合起来研究翻译，既可用定性的方法，也可用定量的方法。（参见仲伟合，王斌华 2010）

王寅教授曾根据 Lakoff，Johnson，Langacker 等所倡导的认知语言学基本原理，于 2005 年在《中国翻译》上首先论述了认知翻译观，初步阐述了从认知语言学角度建构翻译理论的思路。王寅（2008a）还运用认知语言学中的体验观和识解观分析了同一首唐诗《枫桥夜泊》的 40 篇译文。他发现，这些译文之所以有共通之处，是因为这些译者与汉民族其他成员一样，与张继享有大致共通的体验和认知，这就是体验普遍观；而这些译文之所以有差异，是因为这 40 位译者各自有不同的认知方式，因而择用了不同词句，体现了人文主观精神。

---

① 体验性认知是指我们的身体对于认知现实和理解世界具有关键作用（Lakoff & Johnson 1980，1999），这与唯物主义"物质决定精神"的立场相通。由于体认要依赖于身体在具体情景中的互动体验和认知加工，因此该观点又必然是情景性认知的。（Wilson 2002：627）另外，由于若干认知过程分布于社团各成员之中，它必然也是分布性认知的。（Hutchins 1995）这一理论基础对于翻译研究十分重要，认知分布法则主张数法并用的研究思路。

3.1 认知翻译学研究范式

所谓定量、定性研究，通常指在样本选择、数据采集与分析等具体方法层面上的两种设计类型，其背后存在系统的哲学假设，即研究范式（paradigm）理论。研究范式是数据驱动型研究之灵魂。作为一套无须论证的哲学信念体系，研究范式是常规学科赖以运作的基本公理与实践规范，包括本体论（ontology）、认识论（epistemology）、方法论（methodology）三方面的理论视角与概念假设。本体论回答"什么是现实（reality）的形式与本质"等存有问题；认识论是关于知识的理论，解释知者与被知物之间的关系属性；方法论关注如何发现知识，但方法论并非研究方法本身，而是对具体方法的分析与辨明。本体论决定着对认识论与方法论问题的解答，进而引导具体研究方法的选择。（Guba & Lincoln 1994）

3.1.1 实证主义范式

"实证主义"一词代表着400多年来自然与社会科学领域的通用理论（Guba & Lincoln 1994），以朴素实在论（naive realism）为存有观基础，认为现实是绝对的，外在于观察者，受不可变的自然法则所驱动。实证主义认识论的核心是二元论（dualism）与客观主义（objectivism），即知识与意义存在于意识之外；现实是稳定的、可观察的、可发现的；研究者与被研究对象是相对独立的实体，二者之间的相互影响应加以严格控制；只有可复制的研究发现才是真实的。正是基于存在一个客观世界的本体论前提，实证主义试图获知、发现或尽量接近这个客观的世界，在方法论上强调研究手段的科学性、实验性、可操纵性及研究假说的可验证性。关于客观世界的陈述，如果不是源自客观观察，如果无法通过经验证实或证伪，则是毫无意义的。

实证主义认识论指导下的社会科学研究的核心环节是使用经验材

料对理论进行检验,反映在研究设计中就是假设检验。

3.1.2 自然主义范式

自然主义既是指一种特殊的研究方法,也是指对客观世界的一种理解方式或信念。自然主义是随着近代科学的产生及人们对自然的进一步认知而日益被人们认可和明确使用的一个概念。据《哲学大词典》所载,自然主义"泛指主张用自然原因或自然原理来解释一切现象的哲学思想、观念"(金炳华 2001:2066)。哲学家内格尔(Nagel)认为,"自然主义既包括一种探究的逻辑,也包括对宇宙结构和人在其中的地位的普遍阐述,是对在实践中和在批判性的思考中接触到的世界所做的正确的概括性的论述,是对人类社会的合理展望"(内格尔 2002:6)。

自然主义的核心理念是坚持从自然的立场出发来理解和阐释自然界、社会和人。而作为一种特殊的研究方法,当代美国自然主义哲学家萨缪尔(Samuel)认为,自然主义的方法是不带任何先入之见来研究我们的先入之见。这实际上是强调在人文社会科学的研究过程中采取与自然科学研究相一致的研究立场,对研究的对象与问题进行不偏不倚的描述与分析,即用自然的方式去自然而然地发现自然存在物的本源,从而避免任何先入为主价值观念的影响与束缚。

3.2 认知翻译学研究方法

如上所述,Martin(2010)虽提出了认知翻译学,但认为当前该学科尚处于前范式阶段,还未建成普遍接受的理论框架,呼吁学人们继续努力。王寅(2005,2008b)受其启发,尝试在其论述的基础上,再次运用体验哲学和认知语言学的基本观点论述认知翻译研究的具体原则和方法。

过往翻译研究大多落在译文结果上,注重分析、对比、评价译文,而忽视了译文产生的过程,这一缺陷近年来得到了扭转。20 世纪 80 年代,Krings(1986)、Gerloff(1986)、Lörscher(1986)等在认知科学,特别是认知心理学、认知语言学、现代实验设备和计算机软件的影响下,提出用实证的方法来研究翻译过程(translation process),这个过程实际上就是人们在翻译活动中的思维过程。显然,这一研究新范式跳出了传统思路,具有明显的后现代意识。正如上文所述,翻译的认知过程和习得能力的研究大多还停留在理论思索的层面,尚未见具体的、大规模的实验数据。近年来,一批翻译学家为弥补这一缺陷,成立了跨学科研究小组,运用(后)现代科技设备和软件从事了一系列实证研究,将论点与论据、理论与方法、人文主义与科学主义结合型的研究推向了一个新阶段。

王寅将近年来国外发展起来的研究翻译过程和能力的实证方法分别进行了介绍。笔者认为可以将其具体分为量化研究和质性研究两个方面。本书暂将翻译所涉及的语言设定为英语和汉语,包括英译汉和汉译英,以便于叙述。

3.2.1 量化研究方法

量化研究是指运用心理测量、心理实验、心理调查等方法获得数量化的研究资料,并运用数学、统计等方法对资料进行分析,以获得研究结论的方法,即上文提到的实证主义范式。具体的量化研究方法有以下 7 种。

1. TAPs

TAPs 是 "Think-aloud Protocols(出声思维法)" 的缩略语,即将执行某任务或解决某问题时心智中所思所想用词语大声说出来(verbalization)。Bühler 早在 20 世纪初就提出了这一方法,Ericsson 和 Simon 将其引入研究翻译过程,要求译者在执行某项翻译任务时,将具体的转写过程用口头表达出来。李德超(2004,2005)也对其做出了论述。该方法又可细分为两种:一是边转写边表达,叫 "共时法

(Concurrent Protocol)";二是转写后再重述,叫"反省法(Retrospective Protocol)"。

我国学者蒋素华(1998)最早介绍、引进这一实证方法,此方法优点十分明显:成本投入较小(耳机和录音机),不需要添置其他复杂和昂贵的设备。此方法是首先选好几篇待译英语段落,邀请几位被试者在一特定场地即可实验。然后将他们译好的汉语书面文字与他们口头叙述的录音内容进行比对,考察译者心中所思所想与实际书面文字之间的"同"和"异",调查它们的分布比例,分析差异的原因,同时还可发现口头表达与书面文字之间的差异,这也有助于研究口译和笔译的翻译认知过程。

但该方法的缺陷也很明显:书面翻译时的心智运作过程都能被意识到吗?每个被试者的表述能力都相同吗?他们都能将心智中所思所想用词语表述出来吗?若不能,该实验又将如何进行下去?口头表达的速度和词汇空缺也是必须考虑的因素。人们能在多大程度上做到口、手的一致性?动口了就会影响动手,连翻译这一主要任务都进行不下去了,还谈何研究翻译过程?倘若这些基本前提得不到保障,TAPs 实证研究的有效性和可靠性就很难得以保证。

2. TPP

TPP 为奥地利翻译能力研究小组(TransComp Research Group)所用术语"Translation Process Protocol(翻译过程法)"的缩略语。此方法是对 TAPs 的发展。此方法在转写过程中不仅要记录他说的内容,还要考察他的相关行为,如查阅词典、调整耳机等动作。Göpferich(2008,2009)对其有较为详细的论述。

这一方法的优缺点基本同 TAPs,添置摄像机成本不高,但最大的疑问是:相关行为与翻译过程究竟有多大关系?查阅词典可能是译者不认识原文中词语,或一时找不到合适词语;调整耳机可能是因为戴得不舒适,不一定与理解有多大关系。

3. Keyboard Logging

Keyboard Logging（键盘记录），又叫 Keystroke Logging。采用此方法时，可用一特殊设计的软件来记录人们翻译时敲击键盘、使用鼠标的情况（包括键入、删除、翻页、粘贴、暂停、频率和速度等），然后可以 AVI 文件形式回放，以此来考察使用了哪些键和它们的使用频率。用此法可发现翻译单位（两次暂停之间的单位）。此种方法常用的工具软件是丹麦哥本哈根商学院的 Jakobson 和 Schou 于 1999 年为研究翻译过程设计出的翻译记录软件（Translog）。该软件还具有屏幕记录（screen recording）的功能，可将所有键盘输入的动作及其对应的屏幕显示记录下来，能以任何需要的速度回放或静态播放，可获得译者所思所想和所译所写之间互动关系的详细数据，观察到译者在翻译过程中的细微之处。这一工具可有效弥补键盘记录法和出声思维法的不足。

屏幕记录法可弥补问卷调查法和反省口述法所遗留下来的部分问题，因为问卷调查法和反省口述法获得的常是一堆结果材料，无法知晓回答问题的过程。倘若缺失了回答问题或口述心理活动的过程，这对于研究翻译过程可谓是一个致命伤。而屏幕记录法可记录译者如何将所思所想转写为具体文字的细节过程，供研究人员深入分析。这有利于人们发现翻译过程中的有关规律，揭示翻译时的实际心理活动过程。从 2006 年设计出的键盘屏幕记录软件 1.0 版本，到目前为止的最新版本为 7.3.6.0，它们能够将计算机用户的键盘输入全部记录下来，还可广泛用于家长对孩子的管教和企业对员工的监督，以及计算机教室、网吧的监控与管理，如 QQ 聊天、MSN 聊天、发送邮件等。

此法实属创新之举，但是人们不免还是要发出疑问：键盘和鼠标的运作情况与翻译的认知过程究竟有多大的关联性？西方人因为从小学就开始用打字机，所以对键盘的熟悉程度较高。而中国普及计算机的时间并不长，不熟悉键盘的人数恐怕不在少数，且打字速度相差较大，这从中能找出多少有价值的规律？再者，各种文体所使用的词汇域有一定甚至较大的差异,这些词汇所用到的字母在键盘上就会有不同的分布,而且个人用鼠标的习惯也不尽相同,所以仅凭键盘和鼠标的使用情况来考量翻译过程,似乎会带有不少"胎里疾"。

4. Eye-tracking Systems

Eye-tracking Systems(眼动系统)指依靠基于红外线、摄像机、计算机等技术制造出的眼动仪(eye tracker),来记录人们在处理视觉信息时的眼动轨迹等特征,据此来探索人们在各种不同条件下如何加工视觉信息,因为眼睛运动与心理活动之间存在直接或间接的关系。

俗话说,"眼睛是心灵的窗户"。心理学家早就发现人们在执行诸如阅读、翻译、观察等不同任务时,眼球是在不断运动的,他们通过研究眼动情况来揭示心智活动规律。该技术被广泛用于研究注意、视知觉、阅读、翻译等领域。

翻译过程实证研究收集的眼动数据主要有以下几种:①固视(fixation)。固视指"视线接近静止,定格在一个兴趣区(area of interest)内"(Duchowski 2007:46)。②扫视(saccades)。阅读中有85%~95%的眼动是固视,剩下的5%~15%是扫视(Hvelplund 2011:12)。③瞳孔扩张。瞳孔扩张(直径在1毫米~9毫米)是认知努力的另一个常用指标。相关研究如O'Brien(2008)通过比较瞳孔大小和翻译记忆系统匹配来研究认知努力和匹配类型之间的关联。

Just & Carpenter(1979)提出了"眼睛-心智假设(Eye-mind Assumption)",即在被注视和被加工之间没有明显的滞后(appreciable lag),被注视的时间长短可表明潜在的认知加工复杂度。Rayner & Sereno(1994)、Jakobson & Jensen(2008)等发现,注视的时间越长,所需付出的认知努力就越多。因此,这常作为眼动实验的一条基本原理。

眼动可揭示句法加工和意义建构的过程,它也有助于研究翻译过程。因为译者在阅读文字时,眼动轨迹会出现一系列的变化,主要有注视的时间和次数、眼跳的距离、追随运动的路径、注视点轨迹图、眼动时间、眼跳方向的平均速度和距离、瞳孔大小和眨眼等,它们可反映出视觉信息的选择模式,据此可揭示个体的内在认知过程,解释译者在翻译具体语句时的心理活动情况。爱尔兰都柏林城市大学的O'Brien(2008,2009)在这方面取得了较大成就。Sjørup(2011)还运用这项技术研究了隐喻的翻译问题。译者在加工隐喻表达时,注视的时间较长,所付出的认知加工程度比加工非隐喻表达要高,因其会涉及数种认知加工和翻译策略,如意象图式转换等问题。

眼动跟踪技术在国外翻译实证研究过程中的运用和积极探索,至少给我们以下 4 点启示。(王娟 2016)

① 实验条件应更加接近译者真实条件下的工作状态。现有实证过程研究中的很多实验条件与译者的真实工作状态不一致。其原因主要是技术上的限制。就实验所用的文本来说,大多是短文本。因为要运用眼动跟踪技术,就必须使原文和译文同时出现在屏幕上,否则还要把屏幕往下拉,收集的眼动数据就不完全与研究问题有关。如果研究人员感兴趣的是译者对单词的注视情况,那么还必须设置成大字体,这些都限制了文本的长度。(O'Brien 2009)

② 要多开展历时性实验。严格意义上的历时实验要满足 3 个条件:同样的被试、有规律的间隔和较长的时间跨度。相对于共时性研究来说,历时性研究尤其能揭示对翻译过程、翻译能力的构成及发展。(Göpferich 2008:28)现有的历时性研究并非没有,如 TransComp,Capturing Translation Processes project 等,但不够多。因此,应进一步加强历时性研究。

③ 要有更多的大规模研究。国外目前的相关实证研究多数规模较小,限制了结论的有效性。如 TransComp 的实验对象只有 12 位。这样的实验结论很难具有普遍性。又如 Jakobsen 和 Jensen(2008)、Sharmin 等(2008)的研究内容都差不多,都是探索翻译认知努力在原文和译文加工上的差异,二者的结论一致,但是后者的结论效度更高。其原因是前者的被试太少(12 位),而后者则要多一些(18

位)。这说明没有足够的被试,结论的普遍性意义就较小。

④ 要进一步规范术语及概念的界定。如研究人员对于以翻译为职业的人或尚在学习翻译的人冠以不同的名称。(O'Brien 2009：260)前者通常被称为职业译者,后者被称为半职业者、新手或学生等。不同人使用第一类职业译者这一称呼有不同的意义,涉及的译者的经验也可能不同,应该加以统一。

5. EEG

EEG 为 "Electroencephalography(脑电图)"的缩略语。人体组织细胞总会自发地、连续地产生微弱的生物电,若在头皮上安放电极便可将其引导出来,经过脑电图记录仪放大后可得到有一定波形、波幅、频率和位相的图形和曲线,这就是常说的脑电图。人们在不同刺激下可做出不同的反应,所产生的脑电情况也不相同,据此可用于诊断疾病,揭示心智运作规律。近年来,语言学家(含翻译学家)尝试运用 EEG 来解释语言输入和脑电产出的关系,以此来揭示语言习得和翻译过程中的有关规律。如对被试者输入不同词类,大脑的不同部位会发生明显的生物电活动变化。研究表明,大脑加工动词和名词的区域不同,这说明大脑对语言有功能区分工。该技术还可用于记录认知加工负载的变化情况,以能说明处理不同难度的翻译任务。

6. fMRI

fMRI 为 "Functional Magnetic Resonance Imaging(功能磁共振成像)"的缩略语。该设备可通过磁共振成像技术来记录和测量大脑中神经元出现功能性活动时需要增加局部血流量或加速充氧的具体情况,此方法不仅可用于诊断与大脑有关的病灶和医治状况,还可记录头脑中哪一部位在特定条件下被充血和激活的具体情况。这些资料可用来深入研究大脑中的记忆、注意、决定等心智活动,甚至还能识别出被试者所见到的图像或阅读的词语。该技术自 20 世纪 90 年代问世至 2007 年年底已出现在 12 000 多篇科技论文中,且目前还以每周 30~40 篇的速度增加,因为它在观察大脑活动时具有更高的时间和空间分辨率，且精确度更高（可达到毫米水平）。目前用来检测大脑神经系统的主要技术有以下 4 种。

① EEG（脑电图）。

② PET，为"Positron Emission Tomograph（正电子发射断层扫描）"的缩略语，通过向脑内注射少量液态物质以测量局部脑血流，可检测大脑活动的情况，用于定位功能区，但缺点是不够精确，且对人体有损害。

③ MEG，为"Magnetoencephalography（脑磁图）"的缩略语，是集低温超导、生物工程、电子工程、医学工程等 21 世纪尖端科学技术于一体，无创伤性地探测大脑电磁生理信号的一种脑功能检测技术。除临床医学以外，MEG 还广泛用于如皮质下神经元活动、同步神经元分析、语言学习研究、学习记忆研究等领域的基础研究，可直接探测大脑中神经系统的复杂性功能活动。

④ ERP，为"Event-related Potentials（事件相关电位）"的缩略语。借助该设备可获得一种特殊的脑诱发电位图，该方法通常用来研究注意或记忆方面的生理机制，用以确定空间定位。

由于大脑神经系统对于各种刺激做出的反应非常快，上述这些技术难以精确记录，定位不准，效果不佳，满足不了实验的要求。而 fMRI 具有非常好的时间和空间上的分辨率，这为研究大脑神经系统提供了更为有利的条件，可用于研究视感知过程和中文识别的中枢定位等问题。借助 fMRI 可更准确地获得翻译过程中大脑神经系统的运作过程和结果，有效弥补上述技术的不足，但缺点是使用和维护的成本太高。

7. Physiological Measures

Physiological Measures（生理测量）包括上文述及的 EEG 和 fMRI，此外还有皮电反应（galvanic skin response）、血流量和血压（blood volume and pressure）等技术。皮电反应可测量到人在紧张（如出汗）时皮电流量增大，血流量和血压升高表明人的情绪焦虑。

这两项技术与 EEG 和 fMRI 一样,也可用于测量人们在翻译(特别是口译)时的生理反应情况。Moser-Mercer(2000:86)认为,通过这类技术研究口译所获得的数据不一定完全可靠,如口译者虽可连续讲话,但不一定译得准确,即技术本身不能判断口译的质量。

3.2.2 质性研究方法

质性研究方法是指运用历史回顾、文献分析、访问、观察、参与经验等方法获得研究资料,并用非量化的方法,主要是个人的经验,对资料进行分析,以获得研究结论的方法。

质性研究采取自然主义的研究范式,重视在自然情境下研究人的心理生活经验,因而研究的结果更切合人们的生活实际,更具有针对性。

该研究方法往往着眼于研究特殊的个体,旨在揭示个体的独特心理和行为特征,从而描述和解释特定研究情境中人们的经验,理解社会及人们日常生活的意义。具体的质性研究方法有以下 4 种。

1. 专家—学生对比

通过对比学生译者和专家译者的翻译过程和成果,收集差异,整理数据,从中发现有关学习过程和翻译能力的具体情况。Jakobson(2002)认为,专家译者的一般情况是:草译时所花的时间较少,修改时所花的时间较多。Chesterman(2000)的研究结果表明,学生译者的线性发展也不一定能保证会逐步接近专家译者的水平,甚至在某些阶段,这一发展可能会走入反方向,在草译阶段所花的时间更长。这表明在不同阶段应发展不同的翻译能力。

若是将这一方法与上述几种实验方法结合起来使用,我们或许会有更多的发现,对于如何培养学生的翻译能力更具指导意义。

2. 反应时和提示法

反应时(Response Latencies,又称 Reaction Time)是指从发出刺激到开始反应之间的时间长度,它因人、因时、因地、因事而异。其间的过程可大致描述如下：先是刺激引起感官注意，经由神经系统传递至大脑，经过系列加工，再由大脑传给相关反应部位。反应时主要由感觉神经传递的时间、大脑加工的时间、做出反应的时间这三部分组成。心理学家常用该技术来分析人的知觉、注意、学习、记忆、思维、动机和个性等各种心理活动。亦有学者将其运用于语言学习和翻译过程中，如由计算机屏幕给出一个物体（或简单事件，或汉语词句），以某一固定速度再给出一个英语词句，由被试者判断其是否正确；或由被试者自己直接输入对应的英语单词（或句子）；也可用多项选择法来做这类实验。测量并比较不同人在翻译过程中所做出的反应时间，以说明个体对词句的熟悉程度或翻译能力。

提示法（Prompting）为心理学常用方法，如以固定速度向被试提供一个或多个词语，以检测他的记忆或联想能力。该法也可用于研究翻译过程，如上文所提及的通过屏幕向被试提供某汉语信息，检测其翻译成英语所需要的时间。对由若干人组成的一组人提供相同的提示内容，可调查出不同个体所做出的反应时间，并据此排列顺序，可为量化他们的翻译能力提供一定的参考。若再求出该顺序与这组人其他成绩顺序的相关系数，还能达到互相参验的目的。当今的研究人员还设计出一种翻译或写作软件，这种软件可根据屏幕上亦已出现的词句向译者或作者自动弹出可供选择的词语，从而提高翻译或写作的速度，使用这种软件可望减轻大脑认知加工的负担和时间，发挥搭配词典所起到的功效。

3. 问卷调查

问卷调查（Questionaire）是国内学者都已十分熟悉的方法，自20世纪80年代引入国内后亦已成为应用语言学（包括二语习得）研究方向的常用方法。该法也同样适用于翻译过程的研究。通过设计某一特定类型的翻译问题（如英译汉、汉译英等），该方法有助于了解受试某种翻译能力，以便发现问题，从而对症下药。该方法对于翻译教学和研究十分有效。

质性研究重视研究者与被研究者之间的互动过程,重视在互动中建构理论和知识体系,可避免教条主义和机械主义,但也有一定的主观性、人为性、经验性和情境性。

此外,研究者们还把量化研究和质性研究的方法结合起来,数量证据补充质性分析,质性研究为数量研究指明方向。二者相互包含,相互补充。

4. 数法并用

数法并用(Combined Methods,又称 Integrative Research,Multiple Methodologies,Methodological Integration),可有效解决上述单用某一方法的缺陷,更好地揭示翻译过程中心智加工的机制。由于在口笔译过程中人们不可能是单一器官在活动,而总是多通道在活动,既要用到眼、口、耳、手,更要用到大脑。Dragsted(2010)、Shreve & Angelone(2010)、Lachaud(2011)提出了将眼动技术与键盘记录结合起来研究翻译过程的观点。Jensen(2011)也用此法来研究译者在译出语和译入语上注意力分布及转移的具体情况,即在屏幕上安排两栏,如左边为英语,右边为汉语(用键盘输入),根据译者在每栏上注意力分布和转移的情况,来揭示英译汉过程中的具体细节和相关规律。欧洲学者还提出了 EYE-TO-IT 方案①,将此两法与脑电图技术结合起来,以期能获得更有价值的数据。

数法并用可更好地解释翻译过程中的串联-并联活动(Serial-parallel Activity)。串联是指理解了译入语之后才开始翻译;并联是指译出语理解与译入语生成同时或交错发生。另外,这种方法还可用于调查专家译者和学生译者在翻译相同文本时注意力分布和转移的数据,以获得有价值的资料。学者们对翻译过程中理解与生成是串联还

---

① EYE-TO-IT 为一项欧洲研究项目,包括与挪威奥斯陆大学及医院的合作,将 EEG,Eye Tracking,Keystroke Logging 三项技术结合起来研究翻译背后的认知机制,Lachaud(2011:131—154)对其做出了论述。

是并联主要有以下三种不同看法：①垂直翻译观持串联立场；②水平翻译观持并联立场；③混合翻译观持双重立场，即翻译过程中既有串联也有并联。笔者认为，这三种观点都有存在的理由和可能，这取决于译者的语言水平、翻译能力、智商、情绪、年龄，以及对译出语文本的熟悉情况。Jensen（2011）通过实验发现，不管是专家译者还是学生译者，他们的注意力大多分布在译入语上。学生译者花在译出语上的时间比专家译者要长。在这两组译者群中都发现了一定程度的并联活动。

UCM 是"Uncertainty Management（处理不定性）"的缩略语，即在翻译过程中常会遇到拿不准的现象，此时可单用或组合运用几种方法来研究。TransComp 团队组合使用 TAPs、键盘输入、屏幕记录、反省法和问卷法等来研究翻译次能力，发现人们的创造力与翻译能力呈正相关。

认知翻译研究涉及很多学科，如认知科学、认知心理学、神经生理学、人机对话、认知语言学、心理语言学、二语习得、对比语言学、语料库语言学、逻辑学、语义学、后现代哲学等。认知翻译研究可将翻译学与认知语言学、语料库语言学结合起来，还可将翻译学与心理语言学、二语习得、双语对比研究等结合起来。在数据调查上也不一定仅依靠语料库数据，还可将其与实验性数据（experimental data，又称 elicitation data）结合起来共同支撑某一论点。这就是认知翻译学所倡导的数法并用。

正如上文所说，语料库数据不一定完全可靠。为弥补其不足，认知翻译研究还大力提倡语料库兼实验数据的研究方法，因为语料库所提供的数据往往是针对总体性一般现象的，而要能对某翻译专题做出更为周全的解释，还需要借用诸如问卷调查、控制实验、等级排列、分类对比、有声思维、跟读和释义、分程统计等实验性数据，具体操作时可主动掌握实验范围，明确实验具体目标，严格控制干扰变量，统计和分析所得数据。Alves（2003）提出的三角测量法(Triangulation) 借用了几何学和 GPS 卫星定位概念,取三点即可确认一个对象的准确位置,在实验中可从不同角度(两个或以上)对同一对象进行测量以便获得准确定位数据。这样,通过交叉对比两种(或以上)不同数据,便可保障实验结果的有效性和可信度。正如 Halverson(2010:360)所指出的,认知语言学理论要能得到可靠论证,仅用语料库数据是不充分的,还需要借助其他数据。这实际上就是认知语言学所倡导的趋同证据(convergent evidence)的方法,如 Lakoff 等认知语言学家分别以多种学科(如日常语言、文学、社会学、经济学、哲学、数学、宗教等)为语料来论证概念隐喻的普遍性。这种方法同样适用于翻译的实证性研究,可用从不同渠道获得的证据来集中证明同一个论点或假设,以确保论证的充分性。Tummers,Heylen & Geeraerts(2005)对此做出了较为详细的讨论。还有很多学者,如 Arppe & Järvikivi(2007),Divjak & Gries(2008),Nordquist(2004),Gries,Beate & Doris(2005)等也在这方面做出了贡献。Halverson 于 2009 年用了六组数据(四个语料库、两组实验数据)来解释他的引力假设。因此,认知翻译研究主张将各种语料和实验方法结合起来做综合性研究,这将更有利于说明相关理论和论点,同时对于认知语言学研究也很有启发意义。

王寅(2012)论述了数法并用,建议将翻译过程与结果、翻译学与认知语言学及语料库语言学结合起来,将翻译学与心理语言学、二语习得、双语对比研究等结合起来,将语料库数据与实验数据结合起来共同支撑某一论点。Alves(2003)也给学者们提供了广阔的研究空间,用多种研究途径,就大脑如何建立两种或多种语言之间的对应连接关系这一难题,从生理学和神经学等角度做出更为科学的解释,这对于提高外语教学质量和翻译能力具有重要意义。

上文列述了国外(主要是欧洲)研究翻译过程和翻译能力所常见的几种实验方法,论述了单独使用的弊端,此弊端可由数法并用得到弥补。为了论证同一专题,可将数种方法结合起来,即认知语言学中趋同证明的方法，可使得论证更有说服力。此外，还考察了这一领域的发展趋势、研究热点和发展动向，指出存在的问题和解决的方法。学者普遍认为，认知翻译学应当将理论与实验紧密结合起来，将各种语料库和实验方法融通运用，这必将更有利于说明相关理论和论点，同时会对认知语言学和认知翻译学产生重大的启发意义。

第四章
认知翻译学研究：应用

中西方翻译研究主要经历了语言学、文艺学和文化研究三个范式，每一个研究范式都有其研究的侧重点，并且为翻译研究做出了独特的贡献。随着人文社会科学的快速发展，翻译研究开始不断吸收其他人文社会科学的学术成果并丰富了翻译研究的内涵，使新世纪的翻译研究具有了全新的面貌。随着在当今心理学界占主导地位的认知心理学的发展，其影响也已渗透到众多其他学科，如哲学、文学、美学、教育学、社会学、经济学、计算机科学等，并取得了丰硕的研究成果。

许钧、周领顺（2015）指出，我国近年来除了大量介绍西方译论流派和方法之外，还反思了自我传统，并尝试构建中国的译学话语，推动理论创新。他们还认为中国学者需要积极与国际学术界交流对话，进入国际学术前沿，进而在某些领域引导国际学术发展走向。这一观点具有深远的战略意义和高度的前瞻性，激活了中国学者的学术热情；期盼我们能进一步融入全世界后现代文化大潮之中，共同推动人类文明建设。这与王治河、樊美筠（2011）所倡导的第二次启蒙的思路完全一致。第一次启蒙发生于欧洲，与东方无关；而第二次启蒙当吸取中国传统文化，应有汉民族的贡献。

翻译认知过程的研究从20世纪80年代起受到西方学者的重视，中国学者开始认识到认知翻译学研究的重要性也就是最近几年的事，大多数研究较为零散和片面，难以让人窥见认知翻译学研究的轮廓和内涵。

国内外学者一致认为,认知翻译学指导下的翻译过程,非常重视原作者、译者、读者的主体地位,尊重原文的交际功能,将文本意义的模糊性和不确定性限制在一个较小的范围之内。译者对原文深层结构进行转换,用目的语表达的过程,就是尽力描写原文的"两个世界"并传递给目的语读者的过程,为目的语读者重建原文客观世界,并解读原作者的主观认知世界,使得读者能够充分感受原作客观世界,体会原作者的主观认知世界。在解读原作者的主观认识世界时,译者必然会加入个人的主观认识,对原文"两个世界"给予均等的关注,这样可以较好地避免译者过度解读原文,从而减少由于译者的过度解读误导读者的现象。因此,翻译研究的认知转向将原作者、译者、读者三个主体有机融合起来,将原作者意图、文本结构、读者解读纳入同一个系统之中进行考量。

4.1 认知翻译学视野下的翻译批评

翻译研究经历了几次重要的翻译范式的转变或转向:始于 20 世纪 80 年代的语言学转向,始于 20 世纪末的文化转向、实证转向和全球化转向等。近年来翻译研究界似乎出现了回归语言学的部分转向,2001 年第三届欧洲翻译研究大会(EST)将"回归语言学"列为会议主题。(张莹 2007)在 21 世纪初,认知语言学逐步成为语言学研究的主流学派,也自然对翻译研究产生了重大影响,顺应了翻译研究回归语言学的大趋势,正在形成一个新的认知转向(孟志刚,熊前莉 2012),一门新的认知翻译研究逐渐形成(王寅 2012)。

王寅(2013)将认知翻译学描写为"如何在译入语中识解原作者在原作品中的原意图",且运用认知语言学所提出的用以解释语言表达主观性的识解机制(包括五个要素:详略度、辖域、背景、视角、突显),从认知角度来简析翻译中的常见方法,以期能为翻译过程研究提供一个更为具体的新思路,为认知翻译学研究的进一步深入奠定了坚实的理论基础。

通过上述回顾可以看出,王寅的认知翻译观乃至认知翻译学的理论建构日臻完整,迈出了翻译研究认知转向的重要一步,并取得了丰硕成果。本节在系统梳理王寅的认知翻译观的基础上,尝试完善认知翻译批评的五步模式,以期进一步丰富认知翻译学的研究体系。

吕俊(2007)认为,翻译学作为人文科学的一个分支领域,其研究方式是评价性的,而不是实证性的;也就是说,翻译的成果要通过批评的方式进行检验。因此,翻译学离不开翻译批评。那么,伴随翻译活动而发生的翻译批评"批评什么"及"怎么批评"的问题是首要解决的问题。显而易见,翻译批评以翻译实践为关照对象,包括对翻译思想、翻译活动和翻译成果的评析,检视翻译思想是否通过翻译行为在翻译成果中得以实现。因此,翻译批评思想也是随着翻译思想而产生的,有什么样的翻译思想,就有什么样的翻译批评思想。在翻译批评实践中,翻译思想也就成了批评的武器。

近30年来,随着多篇/部翻译批评论著的发表或出版,我们对于翻译批评的性质、目的、任务和功能有了较为全面的认识。肖维青(2010)对翻译批评研究的回顾和总结显示,翻译批评已经出现了多元、多模式、多种研究方法相结合的趋势。她指出,翻译批评模式大致可以分为基于文本、基于外部因素及综合考虑这三种。其中基于文本的翻译批评又是影响最大的,可以分成三类:第一类是语文学派,即基于翻译经验或基于传统的文体学或文学理论,采取"指误式"路数进行研究的学派,例如周仪、罗平(1999)的《翻译与批评》;也有的则基于现代美学等相关理论,比如奚永吉(2001)的《文学翻译比较美学》。第二类是量化分析学派,主要是其研究以模糊数学、语料库等为基础,定性与定量分析相结合,如范守义(1987)的《模糊数学与译文评价》。第三类是语言学派,即基于现代语言学理论框架的翻译批评。Reiss（1989，2000）和 Wilss（1982/2001）的语言学方法侧重以语言功能和文本类型为基础，为翻译批评提供可行的模式和标准，并认为加强文本和译者研究是翻译批评客观化、科学化的重要前提。House（1977，1997，2001）的翻译质量评估模式和黄国文（2002，2004）则是以系统功能语言学为基础，意图建立一套可操作的文本分析模式来展开翻译批评，这些模式包含文本和语言的功能、语类、语域分析，并与三大元功能——及物性系统、语气和情态系统及主述位和信息系统的分析相对应。

当然，上述划分也不是绝对的，侯国金（2005）所阐述的就是语用学和计量方法相结合的译作评价方法。许钧、袁筱一（1995，1996 等）一直致力于文学翻译批评的多种途径和方法探讨，认为内部批评和社会文化批评（外部批评）同等重要，不应拘泥于微观细节，应对译品做综合性的整体把握。（亦参见晓风 1994；王克非 1994）张南峰（2004）从多元系统论的角度出发，认为翻译批评不仅限于分析两种语言的转换机制，语言学家或哲学家不具有任何优先权；翻译批评首先要做的是考察翻译文学所赖以生存的目的语的文化和它的社会历史环境。另外还有从理论上将翻译批评模式化的探索：House 的翻译质量评估模式、法国著名翻译学者 Berman（1995/2009）的六步骤模式、杨晓荣（1993，2005）基于过程的综合性分析模式。这些模式对翻译批评所涉及的主客体因素、内外部因素、过程和结果都做了全面考量。总之，翻译批评出现了多学科互动、多因素综合考量的趋势。

在多元化、多维度发展的总趋势下，越来越多的翻译批评研究开始重视对译者主体的考察。王宏印（2006）将"主体"纳入批评框架，Berman 在描述其六步骤模式时着墨最多的也是第三步"寻找译者"和第四步"译文分析"。寻找译者包括翻译立场、翻译方案和译者视域三个方面，涉及译者的个体性要素（译者本人对翻译概念、意义、目的、形式等的认识）和非个体性要素（历史、社会、文学及意识形态等在译者身上留下的烙印)。刘云虹、许钧(2011：66)指出："一处看似简单的习语翻译……折射出的是文学翻译的诗学特征,是译者作为翻译主体的立场与选择。"他们进而指出,翻译是一种主体性极强并富有理性的活动,任何对翻译策略的选择、对翻译方法的运用都不是盲目的,而是自觉的、有意识的,都渗透着译者对翻译本质、目标与价值的主观理解与认识。所以,译者主体是翻译批评框架中一个不可缺少的要素。

近年来,认知心理学、认知语言学和认知文体学的发展,为考察和透视翻译文本中体现的主体的认知状态和认知策略提供了可能。

根据霍尔姆斯的翻译研究基本图示(如图4.1所示),翻译研究可以分为纯翻译研究和应用翻译研究两大类。(转引自姚振军2014)纯翻译研究主要包括理论翻译研究和描述翻译研究。理论翻译研究的目的在于建立一般性原则,用以解释和预测翻译行为和作品等现象(Holmes 2000)。上述王寅对认知翻译观和认知翻译学的理论构建基本属于理论翻译研究的范畴;而描述翻译研究所涵盖的产品为中心、过程为中心和功能为中心这三种翻译研究与上文所述Chesterman的比较模式、过程模式和因果模式相对应。在霍尔姆斯的翻译研究体系中,翻译批评、译者培训和翻译工具等方面的研究属于应用翻译研究。王寅(2005,2008,2013)的理论研究中涉及了一些翻译批评的内容,但要使认知翻译学成为相对独立的学科,自然要在应用翻译研究上深入下去。

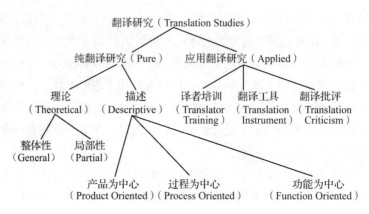

图 4.1　霍尔姆斯的翻译研究基本图示（姚振军 2014）

翻译批评是连接翻译理论和实践的纽带。（Newmark 2004）认知语言学为翻译理论、翻译实践和翻译批评提供理论支持,形成认知翻译学的整体框架。在翻译研究的认知转向形成过程中,认知翻译批评体系的建构也是至关重要的。下文将简要分析与认识翻译学视野下的翻译批评体系（简称为"认知翻译批评"）所对应的翻译批评的三要素:翻译批评的主体、客体和参照系。

4.1.1　认知翻译批评三要素

4.1.1.1　认知翻译批评的主体

借助哲学中的"主体"概念,翻译中的"主体"是指翻译批评活动的发动者和行为者,具有主动性、能动性和创造性。（温秀颖 2007）翻译批评的主体基本上可以涵盖以下三大分类:第一,专家、学者、译者;第二,读者;第三,译本检验负责人,如编辑、委托人、出版商等。（朱芳 2007）

根据认知翻译观,翻译批评者或翻译批评主体与源文本作者、译作作者等都是不同的认知主体:

翻译批评者 = 认知主体 1

源文本作者 = 认知主体 2

译作作者 = 认知主体 3
译作读者 = 认知主体 4

在翻译批评过程中，相对于认知主体 1（翻译批评者），认知主体 2 和认知主体 3 则成为客体，但作为同等地位的认知主体，他们都具有各自的个体属性和社会属性，如表 4.1 所示。

表 4.1　认知主体的个体属性和社会属性（姚振军 2014）

认知主体	
个体属性（individual trait）	社会属性（social trait）
注意力（attention）	意图（attention）
个人经历（private experience）	实际情景经历（actual situational experience）
自我中心（egocentrism）	合作（cooperation）
突显（salience）	关联（relevance）

在认知翻译批评体系中，各认知主体的个体属性和社会属性间的比较将构成认知翻译的参照系之一。

4.1.1.2　认知翻译批评的客体

翻译批评的客体通常指批评的对象，主要包括译本、译者、译事、译论和翻译过程。依据认知翻译观，译本是译者的基于自身体验对原文所描写的两个世界的再现，是译者认知活动的结果。翻译批评者对批评客体的批评是体现其自身认知主体性的活动。因此，在认知翻译批评体系中，翻译批评者自然也可以是翻译批评的客体。在认知翻译批评体系中，译者的主体性和创造性是重要的研究内容，所以译者的翻译过程中所涉及的实体都可以作为翻译批评的客体。翻译批评的客体可以是某一译者主体性和创造性的研究。翻译批评的客体也可以是有多部译作的译者、同一作品的多个译者和合译译者等。以译者为翻译批评的客体的研究还包括译者素质、译者意识、译者身份、译者风格、译者情感、译者介入等关键词。（肖维青 2007）

在认知翻译批评体系中，我们重视认知翻译观中的多重互动性，强调翻译批评主体与客体之间以及客体之间的互动性。

4.1.1.3 认知翻译批评的参照系

翻译批评的参照系指的是翻译批评的标准。翻译批评的参照系要具有可操作性。在认知翻译观的指导下，我们认为识解的五要素（即详略度、辖域、背景、视角和突显）和上述认知翻译批评主体的两种属性（个体属性与社会属性）可以作为认知批评的参照系，并以识解的五要素为具体标准。王寅曾多次与 Langacker 讨论，建议其将"辖域"和"背景"合并，再将这些要素按从大到小、从宏观到微观进行序次排列，以使其更加符合人类的认知规律。本书将仍旧保留识解的五要素，但将背景、辖域、视角、详略度和突显从大到小排列顺序，把这五要素与下文中翻译批评的五步模式相结合，构成从宏观到微观的认知翻译批评模式。

4.1.2 认知翻译批评五步模式

纽马克把翻译批评分成了五个步骤：第一，分析原文，着重分析其写作意图及功能；第二，分析译文，重点考察分析译者对原文目的的阐释、翻译方法及译文的读者；第三，对比分析原文与译文，选择原文与译文有代表性的部分进行对比；第四，从译者和批评者两个角度评价译文质量；第五，分析判断译本在译语文化中的地位和存在价值。(Newmark 2004；段金锦，何大顺 2009)

德国目的论学者玛格丽特·阿曼（Margret Ammann）借鉴 Fillmore 的情景-框架（scenes-and-frames）理论和文学批评家安伯托·艾柯（Umberto Eco）的模范读者（model reader）概念，发展出一套翻译批评五步功能模式（下文将之称为认知翻译批评五步模式，以区别于上述纽马克的翻译批评五步骤）。

认知翻译批评五步模式的第一步是考察译本在目的语文化中的功能；第二步是考察译本内部的篇章连贯性；第三步是考察源文本在源

语文化中的功能；第四步是考察源文本内部的篇章连贯性；第五步是考察源文本与译本之间的互文连贯性。这套认知翻译批评五步模式增加了目的学派对文学翻译的适用性，丰富了翻译理论。（Snell-Hornby 2006；张莹 2007）。

4.1.2.1 认知翻译批评五步模式的认知语言学基础

认知翻译批评五步模式以认知语言学为基础，认知语言学深厚的理论根基赋予了翻译批评更大的可操作性。在认知语言学理论方面，该模式以框架语义学为基础，将翻译视作一种复杂的交际过程，涉及各认知主体间的互动——源文本作者、译者和读者，其中译者既是译本的作者也是源文本和译本的读者。这与王寅的认知翻译观中的多重互动性不谋而合。译者翻译过程中依据源文本和文字为给定框架（presented frame），这个框架则是源自源文本作者的部分原型情景（prototypical scenes）。这个框架、源文本的内部知识结构和译者（同时亦是源文本的读者）的个人生活经历会共同激活译者的情景。（Snell-Hornby 2006）这与认知翻译观的体验性相吻合。译者根据所激活的情景在目标语中去寻找合适的框架，这一过程涉及译者一系列的选择和决定，这恰恰是翻译的创作性的体现。激活情景依赖于译者的源文本语言能力和文化知识理解力，而在目标语中寻找合适的框架则依赖于译者的目标语能力和文化知识理解力，好的翻译就是翻译的和谐性的体现。在认知翻译批评的五步模式中，第二步和第四步分别是考察译本内部的篇章连贯性和考察源文本内部的篇章连贯性，这与认知翻译观的翻译的语篇性相一致。

4.1.2.2 认知翻译批评五步模式的文学批评理论基础

认知翻译批评五步模式的文学批评理论来源与 Eco 有关。Eco 是一位享誉世界的哲学家、符号学家、历史学家、文学批评家和小说家，其颇具后现代的文学批评理论与他的这些身份密切相关。Eco 将文本分为两种：一种为开放文本（如《道德经》），一种为封闭文本（如科技文本）。前者承认、邀请读者参与活动，并将此活动主题化；

后者仅仅旨在引发凭经验办事的读者去做出恰当的反应。(Eco 1979；胡全生 2007) 对当代批评思潮的某些极端观念，尤其是受德里达激发、自称"结构主义者"的美国批评家所采用的那一套批评方法，Eco 深表怀疑和忧虑。Eco 认为这种批评方法给予读者无拘无束、天马行空地阅读文本的权利。他认为这是对"无限衍义（unlimited semiosis）"这一观念的拙劣而荒谬的挪用。他对此提出异议，并讨论了对诠释（interpretation）的范围进行限定的方法，将某些诠释确认为过度的诠释（over-interpretation）。(Eco 1979) 在认知翻译批评五步模式中，我们在此基础上将翻译分为过度的翻译（over-translation）、不足的翻译（under-translation）和理想的翻译（idealized-translation）。译者对源文本过度的诠释而得到译本，无论多么优美，都不会成为理想的翻译。Eco 将读者分为经验读者（empirical reader）和模范读者（model reader），将作者分为经验作者（empirical author）和模范作者（model author）。同时，他认为经验作者可以是自己作品的经验读者和模范读者。(Eco 1979) 根据认知翻译观中关于两个世界的描述，经验读者和模范读者与经验作者和模范作者都应属于现实世界的认知主体。参照认知翻译批评五步模式，笔者提出与之对应的理想译者（idealized translator）。理想译者是其自身译作的理想作者和理想读者，更应是源文本的理想读者，其译作则可以成为理想的翻译。笔者认为，这种理想的或理想化的译者和译作存在于认知世界，是经验的批评者和模范的批评者认知的产物和对象。

如图 4.2 所示，认知翻译批评五步模式符合认知翻译观的六个基本观点的要求，并吸收了 Eco 文学批评的主要概念体系，是在王寅的认知翻译观统摄下的较为理想化的翻译批评模式。

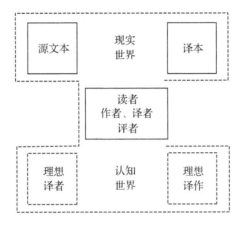

图 4.2　认知翻译批评的功能模式（姚振军 2014）

本节在对国内外认知翻译研究进行简略回顾及对王寅的认知翻译观进行梳理的基础上，分析了认知翻译批评的三要素的构成及认知翻译批评五步模式的认知语言学和文学批评理论基础。认知翻译学视野下的翻译批评研究的实际应用这一领域的研究还大有可为，即如何将认知翻译批评五步模式与识解的"五要素"相结合来开展翻译批评的实践还有不少可探索的空间。要更好地建构和实践认知翻译学，就要不断完善其学科体系，认知翻译批评的深入研究必将有力地推动我国翻译学和语言学的建设，使翻译研究实现从语言学的"输入"向"输出"的转向。

4.2　生态翻译学

生态翻译学是从生态学视角研究翻译的新途径，此研究范式超越了西方传统翻译研究的语言学、文化学、交际学等视角，以生态整体主义为理念，以东方生态智慧为依归，以适应选择论为基石，系统探究翻译生态、文本生态、翻译群落生态及其相互作用和相互关系，从生态视角对翻译生态整体和翻译理论体系本体进行综观和描述。(胡庚申 2013：11—12) 生态翻译学的研究焦点主要包括翻译生态环境、适应/选择和"三维"转换等。(胡庚申 2011a)

生态翻译学（胡庚申 2004，2008）认为，译者必须尊重原文内在的生态结构，译者的作用必须受到现有文本的限制。

4.2.1 生态学范式与认知翻译学研究

信息加工范式的认知翻译学研究将译者的心理过程视为类似于计算机的信息加工过程，操纵的是符号系统，文本信息的接收和译本的产生都是通过符号结构来表征其输入和输出的。信息加工研究范式使研究者关注认知的机能方面——用什么样的加工过程可以导致什么样的结果。(Galotti 2005) 信息加工范式的研究注重机能而且将信息加工过程视为一系列的阶段，也就是在此范式下的翻译研究中，特别强调实验控制对实验结果的影响，而且认知过程是系列化的，因此，忽略了翻译过程中复杂的因素，如被试译者的性别、个性特点、情绪、既有经验背景、现实文化情景等诸多因素可能同时对被试译者施加影响，这些因素都有可能使实验结果产生误差。在信息加工的某个阶段可能同时在进行其他联结，这对信息加工的系列化理论构成了威胁。与此同时，随着符号学的发展，信息加工的符号也具备了更为丰富的内涵。莫里斯认为符指过程含有三种成分：符号载体、所指、解释体，他甚至提到了第四种可能的因素——解释者（interpreter）。莫里斯对符指成分的这一重要补充是革命性的突破，揭示了符指过程的本质，完善了我们对符指过程的认识，解决了符号学与人的关系。是人，生活在符号世界的人，赋予了符号之间的关系，赋予符号以意义。符号学意义观突出对语用意义的研究，突出语境（包括语言语境与非语言语境）对意义生成与理解的作用，突出人在意义建构中的作用，这与海德格尔和伽达默尔的解释学观点是一致的。(陈宏薇 2003) 由于译者社会地位、经历、教育文化背景、所处社会环境与意识形态等的差异,作为译者的解释者对于意义的认知会有较大差别。因此,已经具备社会文化性的符号就具备了更复杂的内涵。若是完全依赖信息加工模式的研究范式,其结果可能会有偏差。符号学的发展从这个方面证明了生态学范式的重要价值,也告诉我们研究被试译者本身具备的社会文化因素及其所处环境对认知过程(即意义认知、提取与表达)的影响也是非常重要的。

胡庚申在《生态翻译学的研究焦点与理论视角》一文中对生态翻译学的译论范式进行了具体的阐述。他指出,生态翻译学的核心理论"翻译适应选择论"的研究目的在于揭示和复现翻译之本来面目,并试图找到一种既具有普遍的哲学理据,又符合翻译基本规律的译论范式。(胡庚申 2004:9)此范式倡导译者中心论,其翻译观是"着眼于'人',致力于'纲'举'目'张,最终确立译者为中心的'翻译=适应+选择'的理论范式"(胡庚申 2004:70)。它还被概括为"以达尔文'适应/选择'学说的基本原理和思想为指导、以'翻译即适应与选择'的主题概念为基调、以'译者为中心'的翻译理念为核心、能够对翻译本体作出新解的翻译理论范式"(胡庚申 2004:181)。

针对生态翻译学的研究范式,学者王宁从解构主义的认知视角进行了辩证的分析,提出生态翻译学既有解构性也有建构性。他认为,生态翻译学在对所拟译文本进行选择的过程中无情地消解了人类中心主义思维定式,并具有双重解构性,即对"原文至上"意识的解构和对翻译过程中"译者中心意识"的解构。(王宁 2011:10)他还指出,生态翻译学的建构性就是在承认原文内在生态结构是决定该文本是否具有可译性的同时,充分发挥译者的能动性理解及创造性再现与阐释作用,关注翻译主体(译者)和翻译客体(文本)之间的平衡;并对所译文本进行仔细阅读从而发掘其可译性,在翻译的过程中尽可能地保存源语文本在译语中的生态平衡。

从哲学层面来看,学者孟凡君深入地探讨了生态翻译学的学理,并指出生态翻译学的研究范式至少从三个哲学层面超越了西方翻译研究范式。具体而言，他认为生态翻译学体现了翻译研究复合视角的超越，实现了对翻译主体性和主体间性研究的哲学超越，以及翻译研究体系主客关系的哲学超越。（蒋骁华等 2011：35）同时，相对于传统译论过分强调翻译过程中主体与客体的相互分离与互相对立，他认为生态翻译学更重视翻译主体和客体的平衡共生与和谐统一。

生态学研究范式以人的生活经验和生活历史作为隐喻基础，主张在现实环境中研究人的心理和行为，即要研究人的现实行为和自然发生的心理过程，认为文化环境是一切行为的基础。Kathleen M. Galotti 也指出该范式的核心要旨是认知不会独立于其广阔的文化情境而单独发生（Galotti 2005），所有的认知活动都会受到文化及它们所发生情境的规定和影响。J. J. Gibson 对信息加工理论进行了批判，并且发展了生态学范式的认知研究。他取消了"信息刺激—信息加工—反应"的符号加工模式，取而代之的是两种活动的区分：搜索性活动（exploratory activity）和执行性活动（performatory activity）（Gibson 1950，1979）。搜索性活动是有目的地搜索信息，它取决于观察者期望获得什么信息和从环境中能够搜索到什么信息；执行性活动是实际开展的以达到某一目标的活动，这种活动需要信息对它的调节，即要利用它能够获取的关于它与环境的信息。因为一个有理解力的主体是主动的、有目的的观察者，他是有目的地搜寻信息而不是被动地接受刺激，而搜索什么样的信息则取决于他的期望和环境究竟能够提供什么样的信息，要保持个体与环境的接触，最基本的认知过程就是觉察（perceiving）。译者是有理解力的个体，是主动的信息处理者，他的认知过程和结果都会受到他的搜索目的、期待视野以及文本与他自身所处环境的影响，此类研究将赋予被试译者更为真实的现实情境和更多的人性。在信息加工及利用计算机模拟的过程中，根本无法处理和模拟被试译者本身带有的社会文化历史属性，而生态学研究范式对此是一个有效的弥补。由于要保证研究结果具备一定的科学性，因此，研究也不能是纯粹无序的观察，而要使其具备一定的价值就必须使研究过程具备一定的科学性。不同于信息加工范式对离散的和确定的数据（即符号结构）进行处理，生态学范式研究的是被试所处的环境、自身文化状况、情绪、人格、意向等较模糊而不稳定的变量对结果的影响，因此，如果依赖实验法和计算机模拟的方法将难以达到要求。正如 Kathleen M. Galotti 指出的一样，生态学范式研究更倚重自然观察和现场研究的方法来探索认知（Galotti 2005）。译者是翻译的主体，如果仅仅将译者视为信息加工系统的话，会忽略译者的文化和心理因素。在翻译文本的过程中，译者的个性特点、文化背景、所处的现实环境、翻译目的、情绪等都会影响翻译认知结果，而且这些因素在实验室里是难以控制的。认知翻译学研究的生态学范式是将被试译者放在一个真实的情境之中，将被试的文化情境及环境诸因素，如翻译的目的性、所处现实环境、期望视域等纳入研究范围，考察真实情境下被试译者的认知过程。下文将提出几种主要的生态学认知翻译学研究方法。

4.2.2　生态学认知翻译学研究方法

4.2.2.1　自然观察

自然观察法（naturalist observation）是指一名观察者在人们熟悉的日常情境中对其认知活动进行观察，此法具有较强的生态效度（ecological validity）。（Galotti 2005）如将一名被试译者放在实验室之外的真实情境之中，研究者在不被发现或者被试译者已经忽略某些类似于实验或准实验的环境下，观察被试译者在自然条件下认知加工是如何运作的；可以观察其灵活变通性，被试译者是如何受到环境变化和自身文化情境影响的，还可以观察真实行为的复杂程度如何；等等。实验室里的非真实条件有可能对被试译者的翻译认知造成偏差，从而影响分析结果，自然观察法能有效弥补此缺陷。自然观察法的主要原理就是收集被试译者在自然状态下的过程资料，并尝试推导出其间的相互关系，进而对被试译者的自然认知过程有一定的了解。自然观察法的缺点在于缺乏实验控制，观测者较难分离出不同行为或反应的原因。

4.2.2.2 多因素实验设计

信息加工范式下的实验和准实验研究方法受到质疑的重要原因之一，是过分依赖于研究条件的控制，更多地采用单因素实验设计，而单因素分析难以揭示多种因素（变量）之间的相互关系，因而妨碍了研究结果的科学性。译者的心理活动是多种个体的、社会文化的因素共同作用的结果，控制其中的某些因素会导致其他因素的作用发生变化。因此，为了改善信息加工范式研究的不足，使此研究方法具有更高的生态效度，常采用多因素实验，即通过尽可能少控制变量，赋予实验或准实验情境更多的现实性，因而其研究结果具有更高的生态价值。

多因素实验设计和前面论述的实验设计法具有较大的相似性，只是实验者减少控制实验条件的数量，使得实验室情境更接近于现实情境，因此，此法也要借助于高性能计算机和相关统计软件（如SPSS），使得研究者可以对大样本、多变量研究数据进行分析，以探索交织在一起的多个变量间的因果关系，从而建立心理活动的概念体系。由于强调研究的现场性，被试译者的心理较少受到人为因素的干扰，研究结果也就更接近真实情况而具备较高的应用价值。此法对某些特定的实验条件（自变量）放开了控制，但其余方面又具备实验的特质，因此，多因素实验设计也称为"准实验设计"。

4.2.2.3 个案研究

个案研究是通过对个体的集中研究来概括行为的普遍特点。此方法可以用于对成绩卓著的翻译家的系统研究。将某一个翻译家置于接近于现实的情境之中，将尽可能多的自身社会文化和所处环境变量纳入考察范围，采取直接观察、自我报告、准实验等多种方法结合的方式，大量收集翻译过程材料，然后研究者整理材料，通过计算机和逻辑分析来建立各个自变量与因变量之间的联系，从而研究出该翻译家的心理结构和认知过程。个案研究具有很强的生态效度，多个自变量互相作用，使得研究与复杂的翻译过程更接近，因此对于深刻把握翻译家的认知心理特征具有重要作用，其缺点在于小样本和低代表性限制了对其他译者的推广。Howard Gruber 对达尔文做了一项个案研究，深入探讨了伟大的知识创造的心理环境。（Sternberg 2006）生态学范式下的个案研究一定能够有效继承优秀翻译大师们的思想精华，对促进中国翻译的发展具有重要意义。

　　信息加工范式的认知翻译学研究具备计算机信息处理的特点，将译者视为处理源语符号系统的硬件，通过其特定心理认知机制（即软件），产生出目的语符号系统。通过一系列方法，特别是实验和准实验的相关方法可以较客观和科学地认识译者翻译全过程的心理结构和认知历程。但是，此研究范式忽略了人性的和现实历史文化情境的因素。生态学范式的认知翻译学研究认为翻译是一个多因素共同作用的复杂心理过程，要能更真实地认识译者的心理结构和认知历程，就必须将被试译者放在一个接近于现实的环境之下，并充分考虑各种历史文化、个体差异等信息，这样才符合翻译的复杂特性，使得研究结果更接近自然条件下的结果，这样的研究结果才具有更高的生态价值。如果没有严格的实验室研究，认知翻译学研究就难以成为完善的科学，也难以对译者认知的内在机制进行深入研究；如果没有生态学研究，认知翻译学研究的成果也就缺乏生态意义，很难真正说明人的复杂心理活动本质。因此，认知翻译学研究应该使以实验或准实验设计为特点的信息加工范式与以现场、自然情境和自身背景信息为特点的生态学范式相融合，尽量避免过于强调某一范式的取向，取长补短，互为补充。只有这样，才能全面构建翻译认知的研究系统框架；否则，认知翻译学研究便会严重缺乏解释效度。随着计算机科学、人工智能及其他人文社会科学的快速发展，认知翻译学研究将会更为广泛地吸收各学科的有益成分来丰富其研究内涵，认知翻译学研究也必将更加深刻，对翻译研究也将会做出更大的贡献。

4.2.3 生态翻译学的研究意义

西方翻译理论有语言学译论、文艺学译论、文化学译论、交际学译论、多元系统论、行为目的论、解构主义译论等。生态翻译学与它们有何异同，又有何种关联？

国际译学期刊《视角：翻译学研究》主编罗伯托·瓦尔迪昂（Roberto Valdeón）教授指出："生态翻译学代表了一种新兴的翻译研究范式，具有巨大的研究和学习潜力。这一研究范式也与西方其他学派有着明确的联系。"（Valdeón 2013：8）丹麦翻译理论家凯伊·多勒拉普（Cay Dollerup）也将生态翻译学放在西方翻译理论研究的大背景下进行了专题探讨。他指出："生态翻译学与这些西方有影响的三大学派（即'对等论'学派、'目的论'学派、'描述翻译'学派）都是有联系的。"（Dollerup 2011：34）

然而，作为一种与以往研究范式有很大不同的跨学科研究，生态翻译学又有其鲜明的特色和新异之处。比较研究表明，生态翻译学在哲学理据、立论视角、核心理念、研究方法、配套术语、话语体系、翻译伦理等方面与其他翻译研究均有不同。主要体现在以下几方面。

① 立论视角不同。生态翻译学的立论视角是"生态"，是从生态视角对翻译进行综观的整体性研究。这是重要区别之一。

② 哲学理据不同。生态翻译学的哲学基础之一是当代生态学。生态翻译学系统地运用生态学原则，以生态学原理为指导，系统地探讨翻译问题，这种独特性也是有目共睹的。

③ 关注焦点不同。生态翻译学关注的焦点是"三生"主题。所谓"三生"，即生态、生命、生存。其他翻译研究途径既没有这样的研究主题，也没有这样成体系的研究焦点。

④ 研究方法不同。一方面，生态翻译学研究讲求整体综观，因为生态翻译学是基于生态整体主义之上建立起来的；另一方面，由翻译学与生态学交叉研究所形成的"移植类比"的研究方法，也是生

态翻译学区别于其他翻译研究途径的一个重要标志。

⑤ 配套术语不同。生态翻译学在近年来的相关研究中形成了该话语体系的家族成员,包括生态、生命、生存、翻译生态、翻译生态环境、翻译生态系统、翻译群落、适应、选择、求存择优、共生互动、生态移植、生态机理等一系列配套的术语和概念。这又是区别于其他理论体系的重要标志。

⑥ 话语体系不同。从生态视角出发,遵循生态理性所构建的翻译理论话语体系有其独特之处。其他译论在宏观架构和发展理路上未见有类似的话语体系构建。

⑦ 翻译伦理不同。生态翻译学的伦理道德涉及的基本原则包括:平衡和谐原则、多维整合原则、多元共生原则和译者责任原则。这些生态范式翻译伦理的原则,兼容了生态翻译的道义和伦理责任。比较其他翻译研究途径,生态翻译学关于翻译伦理原则的独特之处不言而喻。

生态翻译学与其他翻译研究途径是一种包容和超越的关系。西方译界学者认为,"生态翻译学符合包括西方在内的翻译实际,并且拥有优于西方翻译理论的解释力"(Dollerup 2011:34)。我国译界学人认为,"生态翻译学研究范式的创立,将翻译研究纳入了一个有机的探究系统,即翻译生态系统。而翻译生态系统的确立,使得翻译研究既超越了'见叶不见木'的语言学派翻译研究范式,也超越了'见木不见叶'的文艺学派的翻译研究范式,还超越了'见林不见木'的文化学派翻译研究范式,在继承、超越和回归的理路中,将翻译研究置于一个前所未有的宏阔视野"(孟凡君 2011:73)。

4.3 认知翻译学对翻译教学的启示

在认知语言学问世之前,传统语言学的客观主义哲学观在许多人看来是颠扑不破的真理。他们认为,语言是对世界状态的真实反映。语言结构和语言规则是固有的,是人类天赋能力的体现。(彭建武 2005:12)这种客观主义语言哲学观反映在翻译教学上就是传统的翻译教学方法,即只注重对翻译理论和翻译方法的传授。学生在翻译活动中的认知能力和主体性往往被忽视,因而学生的主体性没有得到充分的发挥和利用。

20世纪90年代起,翻译教学模式研究已经受到各方学者越来越多的关注。这些研究对传统翻译课程教学的问题进行了很好的总结,但在理论和应用的结合方面做得还不够深入。

目前的翻译教学模式大多在翻译理论和教育理论两个方面进行,无法从整体观和系统观来分析其中存在的问题。比如该课程的教学目标是让学生成为专业译者,是培养学生的翻译能力、阅读能力还是写作能力?在教学内容上,教师缺乏实战经验导致选材随心所欲,也导致教学显得毫无体系。在教学方法上,师生之间的互动仅限于提问—回答的模式,学生最终也只是学习了这篇文章,看了译文,而并非是翻译能力的提高。因此,很多学生认为,翻译课程大概就只能这样授课,甚至不信任教师在翻译方面的能力。

翻译事业的发展离不开翻译人才的精英化培养。20世纪末,翻译研究开始向翻译认知心理转向。认知翻译学将认知科学和认知语言学与翻译学紧密结合,借用认知科学的理论和方法研究翻译现象,运用认知语言学的核心原则发现语言背后的认知机制,深化对于翻译过程的认知。复旦大学王建开教授认为,在新时代的历史背景下,翻译之功效远不再是桥梁作用,新时代赋予翻译新的历史使命。我国历史上三次翻译高潮的走向以西学东渐的译入为主，在"走出去"和"一带一路"背景下，翻译"走出去"转向了中国文学和文化的"走出去"，由此产生了对译出人才"质"与"量"的双重需求。我国高校应与时俱进，在翻译教育教学上深化改革，着力培养学生的外译输出能力，为国家"走出去"战略和"一带一路"倡议提供高质量的语言服务，培育优质的翻译人才。他还提出了有关中国文化外译走出去是由汉学家还是翻译家来承担的问题，值得翻译学界深入思考。外语教学与研究出版社李会钦将习近平总书记的"语言铺路、文化架桥、实业兴邦"的理念，引申到翻译事业的发展需要"人才兴邦"，世界格局的变幻、国家战略的实施、经济发展的实现、高等教育的全球化都需要国际化人才，新时代背景下的翻译人才需要具有的核心技能就是人际交往和沟通能力、分析问题和解决问题的能力，而这些能力的获得均须在翻译认知过程中得到锻炼和提升。因此，将翻译认知与人才培养相结合的理论和实践研究也将是一个新的研究视角。她还提出，翻译教学是翻译教育的基础和前提，翻译教学要以翻译教育目标为导向，着力打造为国家服务的人才智库，为中华文化走出去提供高质量的外译作品，为世界了解中国、中国走向世界搭建坚实的翻译桥梁。在此形势下，翻译者、翻译教育者任重道远。此外，还有学者从认知理论视角对"一带一路"倡议下的口译人才培养模式、译者外宣语言能力的培养等进行了探索性的研究，对翻译人才培养进行纵横交错的研究，为认知翻译学研究者拓宽了研究思路和视野。

4.3.1　认知翻译学和翻译教学

　　近年来，国内学者展开了大量的认知翻译研究。王寅教授首先将认知语言学的理论应用于翻译研究，明确提出了翻译的认知观，进而提出了认知翻译学，将译者推到了主导地位。认知语言学中的识解机制也被运用到翻译研究及翻译能力培养中，为相关研究提供了新思路。颜林海教授提出了认知翻译操作模式，从认知语言学角度描述了翻译过程的认知机制，推动了认知翻译学的理论建设和实践操作。谭业升教授的翻译教学的认知语言学观给翻译教学提供了新的启示。

认知翻译学认为，翻译是以现实体验为背景的认知主体所参与的多重互动作用为认知基础的，读者兼译者在透彻理解源语语篇所表达的各类意义的基础上，尽量将其在目标语言中表达出来，在译文中应着力勾画出作者所欲描写的现实世界和认知世界。（王寅 2007：583）认知语言学的翻译观强调体验和认知的制约作用，重视作者、作品和读者之间的互动关系，追求实现解释的合理性和翻译的和谐性。认知语言学建立在体验哲学的基础上，用认知语言学的视角去审视翻译，相比传统的以文本为中心的翻译观和传统语言学的翻译观，它突出了主体认知活动在翻译中的表现。这是有关翻译活动的一个本质现象，一直以来在翻译研究中却未能得到足够的重视。同时，相比解构主义、阐释学和文化学派的翻译观等强调译者（即解构者或阐释者）本身的视域、经验和立场等主体性因素在翻译活动中的发挥，认知翻译学提出要发挥体验和认知对主体性因素的制约作用。

认知翻译学一方面承认认知活动对翻译的决定作用，即译文是体验和认知的结果；另一方面又指出译者作为认知主体之一应受到其他参与翻译活动的认知主体间互动的制约，翻译时应"创而有度"，而不是"任意发挥"（王寅 2007：581），因而它是一种追求平衡的翻译观。换言之，认知语言学的翻译观承认并描述了认知活动在翻译行为中的客观存在，同时又提出译者必须尽量重现原文所表达的客观世界和认知世界；它既是看待翻译活动的一种新的整合性视角，同时又从认知的角度提出了翻译活动的标准。

鉴于翻译教学的对象是未来的译者，而认知语言学直接关注译者认知活动的过程，强调主体的体验性和创造性，重视认知所产生的结果，笔者认为用认知语言学的视角去审视当前的翻译教学，将会有助于翻译研究者和教师在翻译教学相关的一些问题上有新的发现，比如课堂教学的具体目标、模式，翻译教材的选择和使用的标准，等等。

设计教学模式的首要任务是制定教学目标，因为它是教学实施和评价的基础和依据。(康淑敏 2012)

认知翻译学的观点可以为翻译教学提供一种有效的理论模式和支持。

在教学中，我们发现每一个学生都有自己独特的认知方式，这与他们的人生体验和认知模式相关。认知翻译学的教学范式重视学习者的认知情景设计，认知主义将知识看作是外在于学习者个体的事物，而将学习过程看成是一种内化知识的行为，这种内化产生能动性驱动。

一般认为，翻译过程有两个重要的步骤：理解和表达。理解是指对信息发送者即原作者的意图及原文意义的理解，表达是指译者在理解原文意义、原作者的意图及译文目的的基础上制作译文的过程。(张美芳 2005) 这一过程与人的认知密切相连。在理解和表达这一过程中，如果学生不能发挥主体作用，教师不能充分地调动和激活他们的人生经验和世界知识，那么教师所传授的翻译理论和翻译方法就得不到充分的应用。

既然语义不完全存在于人脑之中，而是来源于身体经验和使用者对世界的理解，那么在翻译教学中，我们就应该注重启发和激活学生的人生经验和他们的认知能力。要激活学生的人生经验和认知能力，首先要了解学生在翻译过程中的思维活动。"在翻译活动中，认识活动起主导作用，想象和思维处于核心地位。"(方梦之 1999：41) 由此可见，译者在翻译活动中的思维过程应是我们关注的核心。

翻译的思维过程是一种双向思维活动。王宏印教授对翻译的理解和表达程序做了这样的描述："翻译是从原文的语言层次入手，经过逻辑层次深入到事理层次，然后再从深层对应经过浅层对应到达表层对应。这一过程就是翻译的由浅入深（理解）到深入浅出（表达）的过程。"(王宏印 2000：66) 翻译的第一程序是 SL (source language) 信息系统的输入。这一程序也是译者解读源语的过程。解读过程是一种逆向思维活动。一般的抽象思维方向是从概念系统到语言系统，而解读过程则是从语言系统到概念系统。在完成信息输入程序之后，译者的大脑进入第二程序——概念系统。在这一程序里，译者运用逻辑思维，即通过分析、判断、推理和归纳，将阅读中的直觉思维和形象思维转换为抽象思维，形成概念。这一过程，也就是通过梳理 SL 信息系统的表层意义，达到理解其深层意义的过程。之后，译者的大脑进入 TL（target language）信息系统的重构程序。在这一过程中，译者将抽象思维转换成直觉思维和形象思维，将概念转换生成信息系统。这一过程是译者用目的语表达的过程或源语信息的输出过程。此过程是一种顺向思维活动。译者要将在第一程序中捕捉到的概念系统转变成另一语言系统。

  从某种意义上说，人的思维活动是一个黑匣子。研究译者在翻译过程中如何创造一个全新的但又多多少少与原文吻合的译文，研究他那个小小的"黑匣子"如何运作，应是教师在翻译教学中关注的焦点。(Holmes 2000) 只有知道了学生在翻译活动中的认知过程，教师才能有效地调动和激活学生的理想认知图式（Ideal Cognitive Models，缩略为 ICM），才能充分地发挥译者的主体性。我们从学生在翻译课的小组讨论中发现，学生在翻译活动中的认知模式与理想的认知模式有不少的差距。为了找出这些差距，我们不妨把翻译活动中的理想认知模式和学生的认知模式（Cognitive Models，缩略为 CM）做一个比较（见表 4.2 和表 4.3）。(郑小薇 2011)

表 4.2　翻译过程中的 ICM

SL→	→	→	TL
语义:a. 表层（关注） 　　b. 深层（关注） 语法（关注） 修辞（关注） 隐喻（关注） 逻辑（关注） SL 文化背景及世界知识（联想） 人生经验（联想）	逻辑分析（理解） 分析推理（强） 形象思维（强） 直觉思维（强） 转变为抽象思维 形成概念（强）	逻辑分析（表达） 归纳总结（强） 抽象思维（强） 变为形象思维 直觉思维、概念系统转换为信息系统（强）	语义:a. 表层（关注） 　　b. 深层（关注） 语法（关注） 修辞（关注） 隐喻（关注） 逻辑（关注） TL 文化背景及世界知识（联想） 人生经验（联想）

表 4.3　学生在翻译过程中的 CM

SL→	→	→	TL
语义:a. 表层（关注） 　　b. 深层（不太关注） 语法（关注） 修辞（不太关注） 隐喻（不关注） 逻辑（不太关注） SL 文化背景及世界知识（缺乏联想） 人生经验（缺乏联想）	逻辑分析（理解） 分析推理（不够强） 形象思维（强） 直觉思维（强） 转变为抽象思维 形成概念（较弱）	逻辑分析（表达） 归纳总结（不够强） 抽象思维（较弱） 变为形象思维 直觉思维、概念系统转换为信息系统（较弱）	语义:a. 表层（关注） 　　b. 深层（不太关注） 语法（关注） 修辞（不太关注） 隐喻（不关注） 逻辑（不太关注） TL 文化背景及世界知识（缺乏联想） 人生经验（缺乏联想）

从表4.2我们不难看出，翻译活动中理想的思维在理解这一过程中非常关注源语的语言层面，而且还会联系源语的文化背景知识、世界知识及自己的人生经验来帮助理解源语。通过分析推理，译者的逻辑思维从形象思维、直觉思维转变为抽象思维，再形成概念系统。在表达这一过程中，译者的逻辑思维从分析推理转为归纳总结，从抽象思维变为形象思维和直觉思维，把概念系统转变为信息系统。在此过

程中，译者除了充分关注目的语的语言层面外，同时还会联系目的语的相关文化背景知识及自己的人生经验来帮助表达。以上是理想的翻译思维过程。表4.3是在翻译课上从学生小组讨论中发现并总结出的学生的认知模式（CM）。

从以上两个表的对比我们不难看出，学生在翻译活动中的认知模式比起理想的认知模式还有很多地方需要加强。比如在理解这一过程中，学生往往只关注表层语义，遇到难以理解的句子，他们很少联想自己已有的相关文化背景知识和人生经验来帮助理解。导致的结果就是他们在逻辑思维方面的分析推理和归纳总结的能力不够强。在表达过程中，他们同样只关注语言的表层语义，而很少联想他们已有的相关文化背景知识、世界知识及人生经验。其结果是不少学生的译文要么不能合适地表达原意，要么不通顺，缺乏逻辑性。

通过以上讨论我们认识到，要把学生在翻译活动中的CM转变成ICM，教师必须真正做到以学生为中心。在传授翻译理论和翻译方法的同时，多开展讨论，多了解学生的认知模式及他们的知识结构，多启发他们结合人生经验和世界知识来帮助理解原文。也就是要用认知语言学的体验观来引导、启发学生。在翻译教学中，教师如果忽视学生的主体性，只遵循传统的以教师为中心的教学方法，其结果只能是授其鱼，而不能授其渔。

4.3.2 翻译能力：翻译课堂的具体目标

就翻译能力而言，不同学者所用的术语不同，所给出的定义也不尽相同。国外学者 Bell（1991）将翻译能力定义为"译者从事翻译所必需的知识和技能"。Wilss（2001）将其定义为"建立在源语和目的语综合知识基础上的文本-语用能力，以及在较高层面上将两种单语能力结合起来的能力"。也有学者将其定义为"从事翻译所需的潜在的知识和技能系统"（陈吉荣 2014）。国内外学者对翻译能力给出的定义不尽相同。因此，我们很难对翻译能力给出一个特别明晰的定义，但只要弄清翻译能力构成的几个要素，我们就能对翻译能力有比较明确的认知，在翻译教学与实践训练中就更具针对性。

Neubert（2000）认为翻译能力有语言能力、文本能力、主题能力、文化能力和转换能力构成。Schäffner（2000）认为翻译能力包含语言能力、文化能力、语篇能力、研究能力、转换能力及领域能力。刘宓庆（2003）认为翻译能力包括语言分析和运用能力、文化辨析和表现能力、审美判断和表现能力、双向转换和表达能力、逻辑分析和矫正能力。文军（2005）认为翻译能力包括语言/文本能力、策略能力和自我评估能力。不同的研究者总结概括的翻译能力构成要素也不尽相同。尤其随着对翻译研究的不断深入，翻译研究呈现出新趋势，对翻译能力有了新的定义和新的分类。如 PACTE（2000）认为，翻译能力由交际能力、非语言能力、心理生理因素、专业操作能力、转换能力和策略能力等一系列相关的、有层次的、可变化的成分能力构成。然而，无论对翻译能力如何定义或分类，将其置于认知背景下，我们认为翻译能力是以译者自身的认知和体验为基础，以分析原文、理解原文、重构原文的功能的能力为核心，它包括译者的认知能力、知识能力（即百科知识能力、源语及目标语的语言知识能力）、文化能力、创造能力、交际能力、转换能力、自我约束及调控能力等诸多方面。

认知背景下影响译者翻译能力的因素主要有以下三个。

1. 一般认知能力

"语言也是一种认知活动，是对客观世界认知的结果，语言运用和理解的过程也是认知处理的过程。因此语言能力不是独立于其他认知能力的一个自治的符号系统，而是人类整体认知能力的一部分。"（王寅 2007：7）因此，翻译能力与人的认知能力密切相关。人类在认知客观世界的过程中要运用概念、判断、推理、分类等一系列认知活动，对语言的理解也是如此。在对原文文本理解的过程中，译者用于概念化的典型模型源于一般的认知能力。因为在翻译理解和产出过程中需要建构意义，而认知识解又是建构意义过程中必不可少的认知过程。识解运作包括译者对原文理解的基底-侧面、视点、前景-背景、图形-背景，译者的移情、心理扫面及意象转换和识解转换的过程，这一过程反映了现实—语言—认知的识解过程。译者不同的认知机制和认知风格在翻译过程中都有所体现。不同的译者对原文详略、重点的理解都会有所不同，对原文语境的重构也会不同。因此，认知能力会影响译者的翻译能力。

2. 语言能力

这里所说的语言能力不仅仅指语言的词汇、语法知识，还包括语言运用能力、语言认知能力，如概括、归纳、推理、分类能力，记忆、联想能力，对声音、符号、形状、空间、时间的辨别能力，等等。例如，词是语言的基本单位，在翻译过程中，对词义的处理涉及一系列的语言认知活动。词是人们对客观事物范畴化的结果，翻译过程中，词义的选取同译者的经验、体验、感知、预见、推理、联想及文化背景等密切相关；同时，词义的选取又受原文语境、作者的经历、体验、源语文化等的制约，译者要在这些因素的影响或制约下去重构原文语境，寻求译语表达方式；在寻求译语表达时，词义的表达又要受到译者母语知识、母语文化、母语能力等的影响和制约。不仅词汇翻译受源语和译语能力的影响和制约，句子翻译及篇章翻译更是如此。翻译中，无论是词汇义还是句义的理解和选择都离不开语境，语境对话语意义的理解和构建起着重要作用，在某种程度上影响译者的翻译策略能力，翻译策略又会进一步影响翻译的结果。翻译能力中的理解能力、非语言能力及表达能力都是以理解话语意义为前提的。对语境的敏感性在一定程度上能反映出一个人的语言能力及语言认知能力。因此，译者的双语语言知识、语言能力与其自身的认知能力密不可分，是构成和影响翻译能力的重要因素之一。

3. 文化认知

翻译不仅仅是两种语言间的转换，也是两种文化的转换，更是一种认知活动，所以，文化认知是影响翻译能力的又一重要因素。从认知角度讲，文化可以分为多种不同的认知域，这些认知域在不同文化中都有所体现，但每一种文化又有其突显的认知域，每一个认知域又有其突显的特征，同一文化间甚至不同文化间的这些认知域相互关联，这就决定了不同文化既有相同点，又有相异之处。就文化认知能力而言，一方面，人是在不断认识世界的过程中成长的，社会文化环境在人的认知能力形成过程中起着重要作用。人类的思维方式、行为方式等都受到社会文化惯例、文化规约等的影响。另一方面，个体在认知世界过程中所涉及的一系列认知活动，如思维、概念、判断、推理等都是社会文化在实践中的体现。文化认知域是应个体成长的物质及社会环境需求而产生的，它反过来会促进个体认知能力的发展。就翻译认知能力而言，它根植于物质、社会、文化等因素之中，文化能力是翻译能力的重要组成部分。认知语言学翻译观认为翻译具有创造性，而在翻译过程中某些文化突显项的翻译最能体现翻译的创造性特征。

在翻译过程中，译者不仅要结合源语的文化背景知识来最大限度地理解原文的思想内容，还要联系人生体验和对目的语文化的了解，正确恰当地将源语的思想内容再现出来。由此可见，译者的主体性在这一文本重构的过程中得到了充分的发挥。比如，在翻译下面这段话的画线部分时，学生因文化差异无法启动他们的认知图式而导致译文的语义缺省。

History denies this, of course. <u>Among prominent summer deaths, one recalls those of Marilyn Monroe and James Dean</u>, whose lives seemed equally brief and complete.

在英语文化里，人们常用一年四季来比喻人生的各个阶段，比如夏季就是人生最鼎盛的时期，而秋冬季节则暗示人的衰老与死亡。上句中的 summer death 显然是指一个人在人生鼎盛时期去世。然而，学生最初对这句话的理解却是："在那些知名的夏季死亡的人中，人们会想起玛丽莲·梦露和詹姆斯·迪恩,他们的生命同样的短暂和完整。"学生之所以会对 prominent summer deaths 产生误读,是因为在他们的认知模式里没有相关的文化背景信息。他们的认知不能有效地帮助他们激活相关的联想。当教师把 summer deaths 与源语的文化背景联系起来解释后,再启发学生联系自己的人生经验重建他们的认知图式,他们立即就理解 summer 在此处比喻的是人生最年富力强的时期,于是把 summer deaths 与汉语言文化中的"英年早逝"对应起来,从而完成了新的认知图式的建构,弥合了两种语言的文化差异。学生最终找到恰当的表达方式,他们将以上这句话重新翻译为:"在那些知名的英年早逝的人中,人们会想起玛丽莲·梦露和詹姆斯·迪恩,他们的生命虽然短暂但却完整。"

又如下面这个句子:

The whole sky spangled gay twinkling stars, and the Milky Way is as distinct as though it had been washed and rubbed with snow for holiday.

赵景深曾经将其译成:"……天上闪耀着光明的亮星,牛奶路很白,好像是礼拜日用雪擦洗过一样。"① 这个译文曾被鲁迅批评为"死译"。在学生的翻译实践中也会有这样的"死译",这是因为译者没有获得相应的图式,没有注意中西文化的差异所导致的语义缺省。如果译者知道 Milky Way 在希腊罗马神话故事里指众神从奥林匹斯山通往大地的路上,因仙后赫拉洒落乳汁,使得这条路璀璨闪亮,再结合中国牛郎织女相隔银河的神话故事,那译者就不会死译,就会调整自己的认知图式,从而将其改译成:"……繁星点缀着整个夜空,快活地眨着眼睛。银河是那么清晰可见,就好像有人在过节前用雪把天空擦洗过一样。"

要说明的是,翻译是作者、文本、译者、读者、客观世界等之间多重互动的过程,这些多重互动因素间是互相制约的,其中文化语境

---

① 经查证,赵景深"牛奶路"的译法出自他在 1922 年翻译的俄国小说家安东尼·巴甫洛维奇·契诃夫的短篇小说《樊卡》(现通译为《万卡》)。

的制约作用相当明显。因此,翻译的创造性,尤其涉及文化突显项的翻译,绝不是随意的,它要有文化适应性。这种文化适应性不仅能够促进翻译能力的发展,而且也能够为翻译能力的发展积累经验。

传统的教学方法是教师在课堂上通过举例讲解翻译理论、翻译方法、翻译策略与技巧;学生复习消化,做练习巩固;教师批改练习,做出评价,课堂讲评。这是一种自上而下的教学模式,教师是课堂教学的主角和权威,学生被动听课,与他人互动少。

译者主体性在翻译中的全面介入及译者对翻译结果的影响在翻译研究中已获得广泛承认。根据相关的研究结果(吴波 2006),笔者认为翻译教学的总体远景目标是培养合格的译者,而翻译课堂的具体目标是培养学生的翻译能力。翻译能力的核心是分析原文和重建原文功能的能力。但需要指出的是,分析原文并非仅仅分析原文的语言代码,而是要深入分析原文所体现的思维和认知活动,理解客观世界和认知主体的思维活动是如何通过内容得到体现的。翻译处理的不仅仅是语言,更重要的是体现语言所反映的世界。

因此,翻译能力是一个整体性、综合性的概念,涵盖着多个方面的内容。综观整个翻译过程:翻译能力首先是译者认知能力的展现,其中译者依靠自己对世界的体验来理解原文及其所反映的世界;其次是译者在译文中重构原文世界的能力,当中体现出译者的创造力;再次,在翻译过程中,译者需要把握翻译效果,因而必须具备确定翻译目的,选择正确的翻译策略和翻译方法的能力,以及和其他翻译活动参与者(如赞助人、目标读者等)的沟通能力;最后,译者在翻译过程中还应具备自我控制、把握自己的立场和各种主体性因素的能力,以便有效地主导翻译过程,达到翻译目的。

一言概之,我们认为翻译能力以译者本身的经验和认知活动为基础,以分析原文和重建原文功能的能力为核心,并包括译者的知识能力、创造能力、文化能力、交际能力和自我约束的能力。翻译能力的强弱直接决定了译本的质量高下。翻译能力——译者的职业能力是翻译教学的目标。

4.3.3 当前翻译教学中翻译能力培养的缺失

当前翻译教学主要集中在理论与实践两个层面，须集中解决两个问题，一是原文应该如何翻译，二是译文有何错误及如何修改。

谭业升（2001）通过对翻译教材的考察指出，传统的翻译教学模式以语言结构对比、传统翻译技巧传授为中心。翻译教学也有一个鲜明的从低级语言单位到高级语言单位的语言对照体系贯穿其中，这一体系导致了一种传授语言知识（尤其是语言结构对比知识）的倾向。这些知识对于学生无疑是有益的，但也正如 Le Feal（1993）所说，这种语言知识教学方法十分容易误导学生，使他们误认为翻译是语言对照体系的运用，因此翻译时会有对照的心理倾向，从而难以挣脱源语语言形式的束缚。以往的翻译实证研究表明，职业翻译者使用全局性的策略而不是线性策略（Krings 1988），并且利用他们的世界知识以思想为中心而不是以形式为中心组织翻译（Lörscher 1991）。

无论是翻译实践还是教学，教师对翻译策略的讲解都是必不可少的内容。人们探讨翻译策略，通常会用二分法来谈论直译与意译、语义翻译与交际翻译、形式对等翻译与功能对等翻译、异化翻译与归化翻译等概念，而这种非此即彼的分类往往难以有效地描写和指导动态变化的翻译活动。

翻译技巧也是研究的重点之一。学翻译的人都对增减、分合、正反等技巧耳熟能详，然而，这些技巧对指导翻译活动有多少作用却一直令人怀疑；许多人学了技巧却没见翻译能力提高，而那些翻译高手却往往不把技巧当回事。传统的翻译教学效果不佳亟待我们反思，并找出解决问题的思路。

以往的翻译教学多借用语言学模式为组织框架，从词到句再到篇，比较源语和译语两种语言的异同，并在此基础上给出常用的翻译方法技巧，如词性变换、字词增删、词序正反、句式分合等。以这种

第四章 认知翻译学研究：应用

理念安排翻译教学计划，看起来系统规范，顺理成章，合乎由浅入深、从易到难、有条不紊、循序渐进的学习规律；然而，从事翻译实践的人都知道，底层的词语却往往最难译，最高层的篇章则相对容易得多。所以，建立在词法、句法对比之上的传统翻译教学法固然能加强或提高学生的语言能力，可是，它能否适应实际工作的需要却值得怀疑。林林总总的翻译教程在给出上述翻译技巧后，不厌其烦地罗列例证，似乎技巧是翻译的灵丹妙药，然而到了翻译实践中，学习者往往仍感到束手无策。

这种引导式和纠错式的教学方法以文本为中心，以教师为主导，忽略了学生作为翻译主体的认知能力和翻译能力，将学生置于被动地位。当前翻译教学强调翻译技巧的应用、语言的转换、文化的处理，旨在提高学生的语言能力及翻译技巧，但很少通过实证方法研究学生的翻译认知过程，没有深入学生的认知层面，未能了解其在翻译过程中的认知加工系统，从而找出翻译中的困惑与困难，并提供相应的解决方法。这种教学模式与培养学生的翻译能力相脱节。

如果学生的翻译能力局限于语言能力、翻译技巧、背景知识、文化意识等要素，翻译时无法通过语言构建认知世界和客观世界，其译文很有可能会失去忠实的可靠保障。学生了解翻译技巧，但不知如何应用；具有译文赏析能力，但却无法独立完成翻译创作，这都偏离了培养学生翻译能力及翻译思维的教学目标。事实上，学生缺乏的并非是翻译理论或翻译技巧方面的知识，而是对自身翻译能力的了解、如何翻译及如何不断提升翻译能力的方法。

以认知翻译学为指导的动态教学模式将翻译教学与学生认知相结合，引入实证研究方法，如 Think-aloud Protocols（出声思维法）、Translation Process Protocol（翻译过程法）、Keyboard Logging（键盘记录法）、Eye-tracking System（眼动系统）、Reaction Time（反应时）、Prompting（提示法）等（参见前文论述），以学生的动态翻译认知过程为中心，强调学生作为译者的体验性及创造性，教师引导学生进行认知建构与语言建构。该教学模式旨在培养学生的场景认知能力、翻译思辨能力，提高认知翻译思维意识。如图4.3所示。

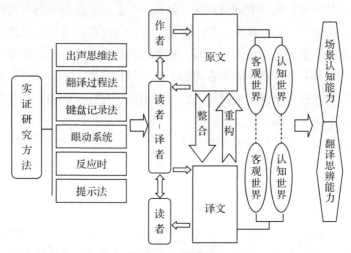

图4.3 以认知翻译学为指导的动态教学模式（罗飞，张睿 2016）

例如：As you enjoy the fresh Pacific sea food you can admire the bright red paint of the Golden Gate Bridge in the harbour and watch the traffic crossing beneath the tall towers on its way to the pretty village of Tiberon.

笔者通过出声思维法对上述例句进行翻译教学。在学生翻译"the tall towers"这一概念时，由于译者主体认知不同，译入语表达也各有差异，分别为"摩天大楼""林立的高塔"。在认知翻译思维的介入下，笔者引导学生了解金门大桥的形象与特点，感知和体验原作者欲构建的客观世界与认知世界，对相关信息进行整合，对原文进行重构，于是得出了统一的译文，即"高耸的桥塔"。

再如：NASDAQ has become known as the home of new technology companies, particularly computer and computer-related businesses.

由于对纳斯达克了解甚少，学生即使通过音译法将"NASDAQ"

翻译为"纳斯达克"，但在翻译"as the home of"这一概念时，无法构建译文所体现的"两个世界"，整合相关信息。很多学生仅凭语言表层信息，将其翻译为"发源地"，即"纳斯达克被誉为是新兴技术公司，尤其是计算机行业和计算机相关行业的发源地"。还有的学生将其翻译为"选择在此落户或出生"，即"新兴技术公司，尤其是计算机行业和计算机相关行业，选择在纳斯达克落户或出生"。认知翻译思维介入后，经过信息整合与重构，学生将其翻译为"纳斯达克（NASDAQ）已经成为新兴技术公司，尤其是计算机和与计算机相关的行业的基地"，或"新兴技术公司，尤其是计算机和与计算机相关的行业，都选择在纳斯达克（NASDAQ）上市"。

当前，虽然部分高校外语院系已经设立了翻译本科专业，但数量不多。大多数英语专业还是按传统把翻译教学视为语言教学的一个项目。根据穆雷（1999：35）的调查："基本上所有的外语院系都把翻译当作本科生高年级的一门必修课。以英语为例，课型主要有汉译英和英译汉……汉英翻译和英汉翻译分开上的学校多一些，但也有一些学校把英汉互译作为一门课来设置。"目前情况也依然如此。

翻译课长期以来广泛采用的教学方式是教师提供原文，学生做出译文。之后，教师根据参考译文对有关的翻译问题进行讲解，评价学生翻译的得失。这种"纠错式"（刘彤，陈学斌 2006）教学法的缺点在于只进行语言训练，而不包含让学生进行信息提取、选择，根据既定的目的来创造译文等翻译能力的训练。从教学效果来看，传统笔译教学方式至少存在两个严重的局限性。

其一，由于翻译这个行业一直以来在我们国家的职业化程度都不高，很多大学里的翻译教师并没有长期担任职业译者的经历，有的只是语言文学专业的毕业生，具有较好的母语和外语功底及偶尔从事兼职翻译的经历。这些教师在授课时会在很大程度上依靠参考译文，囿于评析语言转换的得失，使翻译课在无形之中变为语言学习的辅助课程，而非提高翻译能力的专业课程。

其二，即使教师本人具有足够的职业背景，重在点评和纠错的授课方式不可避免地带有个人经验主义的烙印，不足以全面揭示翻译的要义和本质，有限的课时又难以让学生有广泛而大量练习的机会。

传统的笔译教学缺乏系统组织和理论指导，远不能满足翻译实践对翻译教学的要求。笔者认为产生这一问题的根本原因有两点：一是翻译学自身发展的局限性。一直以来，翻译仅是语言文学专业下的一门科目，没有发展成为独立的学科。翻译课时十分有限，并和其他诸如写作、听力等课程一样，被视为提高学生语言技能和修养的手段之一。翻译活动的独立性和价值在课程设置和教学中没有获得承认。二是因为我们对翻译活动的内涵认识不足。很久以来，我们只认识翻译活动中语言转换的一面，没有看到社会文化环境、译者、翻译目的等因素对翻译结果所产生的影响，忽视了翻译活动的复杂性和目的性，因而在翻译教学模式上过于简单化、机械化。

美国学者唐纳德·克拉力归纳了翻译教学中主要存在的9个问题，具体包括：

① 缺少教学和翻译理论相结合的有系统的翻译教学模式。

② 在译员培训中未能使用其他学科（如社会学、人类学、认知科学和心理学）的相关研究和现代翻译学的研究成果。

③ 对翻译过程的认识肤浅，过分强调语言转换，忽视职业翻译中包含的社会和认知等因素。

④ 在教学中未能把阐释和文化教学模式与语法教学模式相结合。

⑤ 课堂上以教师为主导。

⑥ 学生（甚至鼓励学生）在课堂上处于被动地位。

⑦ 未能对翻译过程进行实验性研究，因而未能在此基础上建立关于翻译和译者能力的模式，并进而确立翻译教学的方法。

⑧ 未能明确译者能力的组成要素，因而不能区分持双语者的语言能力和译者的职业能力。

⑨ 对于现有的和计划中的翻译课程缺少评价标准，不能评价课

程的实用性、效果和某个特定课程（如把母语译成外语）的教学方式。(Kiraly 1995：18)

笔者认为他既描述了翻译教学中翻译能力培养缺失的现状（如①④⑤⑥），又指出了其原因（如②③⑦⑧），同时也暗示了改进教学的方法。由此，笔者认为认知语言学的翻译观作为自成体系的理论，因其对翻译过程中各个因素的关注，可以发展成一种可行的翻译教学模式，为解决当前翻译教学中的问题提供一条新途径。

4.3.4　译者的翻译能力和认知活动在翻译过程中的体现

认知语言学的核心观点可概括为"现实—认知—语言"，将现实和认知视为语言（或内容）的本源。人类通过认知活动使现实得以在语言中体现，即认知语言学不仅关注语言本身，同样关注语言习得的整个过程。同样的思路映射到翻译活动上，即形成了"现实—（体验）认知—翻译"的翻译模式。这个模式指明翻译不光是语言层面的转换，更是对于现实的体验和认知的结果。每一次新的认知活动都是建立在认知主体先前的认知基础之上。在翻译活动中，认知的直接对象就是原作，译者借助对现实世界的认知去理解原作所反映的世界，然后把它重现出来。

我们以王维的诗《鹿柴》的多个译本为例，来观察翻译过程中的认知活动，并讨论这种活动如何影响译文的形成。王维因其作品的诗情画意，平畅易晓，鲜有典故而成为作品被翻译成英文最多的中国古代诗人之一，因而对王维诗不同译文的比较解读总会带来有趣的发现，引人深思。Eliot Weinberger 和 Octavio Paz（Weinberger & Paz 1987）的《19种视角解读王维》(*Nineteen Ways of Looking at Wang Wei*) 一书列出并分析了王维《鹿柴》一诗的19个文本。中文原诗是书中所举的第一个文本，此外有2个法语译文文本和1个西班牙语译文文本，剩余15个为英语译文文本。笔者不懂法文和西班牙文，因此略去这3个文本。笔者发现其余15个英译本的措辞、节奏、风格和形态各异，鲜明地体现出了译者对原文的不同驾驭及不同认知。我们试以其中的三首为例来加以分析。

鹿　柴

空山不见人，但闻人语响。

返景入深林，复照青苔上。

I. Deer Forest Hermitage

Through the deep wood, the slanting sunlight

Casts motley pattern on the jade-green mosses.

No glimpse of man in this lonely mountain,

Yet faint voices drift on the air.

（by Chang Yi-nan & Lewis C. Walmsley 1958）

II. Deer Enclosure

Empty mountain: no man is seen,

But voices of men are heard.

Sun's reflection reaches into the woods:

And shines upon the green moss.

（by Wai-lim Yip 1972）

III. Empty Mountains

No one to be seen.

Yet—hear—

Human sounds and echoes.

Returning sunlight

Enters the dark woods;

Again shining

On the green moss, above.

（by Gary Snyder 1978）

第四章 认知翻译学研究：应用

西班牙文译者 Octavio Paz 说，《鹿柴》汇集了中国古诗的所有特征元素：内容的普遍性，缺乏人物、时间和主语（Weinberger & Paz 1987：Preface），这些元素使得中国古诗的翻译变得十分困难。有一定诗歌修养背景的中国读者都知道《鹿柴》是王维的一首有代表性的田园诗，描绘鹿柴附近空山森林傍晚时分的幽静景色：它在声响上写的是静，在色彩上描绘的是暗。"响"和"照"二字意在以响衬托静，以明衬托暗。全诗以人、物、景、情及它们之间的互动而产生意境。

对比 Chang & Lewis 的文本，我们看到他们对原诗的意义做了非常主观的解读。原诗除了"空"和"深"两个最简单的形容词以外，几乎只有动词和名词，朴素的诗句蕴含着无穷的意境和无尽的阐释空间。Chang & Lewis 在翻译中使原诗的意义具体而确定："空山"成为"孤独的山"，"人语响"是"微弱的说话声在空中飘荡"，在原文中不出现但实际存在的"阳光"被精确为"斜斜的阳光"，一个"照"字被描绘成"在青苔上投射出各种各样的图案"。他们的译文如果回译成中文，则变成：

透过深深的树林，斜斜的阳光／挥洒成缤纷图案在翠绿的苔藓上。

孤独的山里没有人的踪影，

然微弱的声音在空中飘荡。（吴波 译）（吴波 2008）。

从效果上看，原诗里中国山水画似的灵动成为英文文本中写实的图案。Chang & Lewis 甚至调换了诗行的顺序：诗人先写声响、感觉，然后才写景色，而译者是先写景物再描绘感受，因而原诗的虚幻也被译文的实在所替换。Chang & Lewis 曾合作出版过王维诗歌的译文集，但是被认为和原诗毫无相似之处，这点在《鹿柴》一诗的翻译中可见一斑。Eliot Weinberger 认为这是典型的译者想要"提高"原文的例子。他承认若把翻译看作一种精神上的运动，那么，这种运动就存

131

在于把译者的自我溶解于译作之中。虽然在翻译中完全消解作者的存在并非是翻译真正的初衷，但是在不同程度上的消解是翻译活动中不可避免的存在。而这种消解其实就是与译者的体验和认知紧密相关。Chang & Lewis 对王维的消解非常彻底，但是他们的译文并没有获得肯定。

相反，Snyder 的译文从形式上看是典型的美国诗，却被公认为是最好的译文之一。细读 Snyder 的译诗，发现也很工整，八个诗行，在意义上是完整的四句话，体现出译者想要保持原诗形态的意图。此外，译文显然在尽力挖掘原诗的意义和精神，这种努力在译诗的细节上得到了充分的体现。例如，他用 hear 的主动形式来翻译"闻"，而不是英语中更为常用的（human sounds and echoes）are heard。Snyder 是所有译者中唯一把"复照青苔上"的"上"字翻译出来的译者，并且他认为诗行中的青苔并非地上或岩石上的青苔，而是树上的青苔，因而"上"字并非指"青苔的上面"而是"上面的青苔"。在 Snyder 的译诗中，我们读出了他对王维的应和，译诗中既有王维，也有 Snyder。Snyder 对王维的理解既是诗人之间的心意相通，又是两个热爱山水森林、崇尚佛教禅理的个体之间的共鸣。虽然两人生活的年代相差了一千多年，但是他们的思想、心境甚至部分生活轨迹都惊人地相似。王维晚年在山间别墅过着亦官亦隐的生活，喜欢参禅，写出了大量优秀的山水诗。而 Snyder 在游历多年之后，最终定居在内华达的山间农场，他作为一个禅宗佛教徒、登山家、环境保护主义者、生态哲学家的思想和生活境界对他的诗歌创作与翻译产生了不可磨灭的影响。这也可以解释虽然 Snyder 与王维处于不同的时代和文化背景，却能在译诗中重现诗人诗作的真境界。

叶维廉（Wai-lim Yip）是唯一具有中国文化背景的译者。他深知形式、格律对于古诗的意义，因而试图保留唐诗五言律的鲜明特征，结果他的译文非常工整。然而，也可能是因为受到形式（字数、诗行）的限制，他只能在意义上有所舍弃，无法顾及"深林"与"复照"，只能译成"woods"和"shines"。叶维廉在中国诗学对于20

第四章 认知翻译学研究：应用

世纪美国诗歌的影响方面做过很有意义的研究，但是有学者认为"他的翻译与研究相比却显逊色，也许是因为英语是他的第二语言的缘故"（Kiraly 1995：27）。

综观以上三个译文文本，我们发现译者个人的体验和他们关于翻译的思想从整体上决定了译文的风格，而译者本人对源语和译语的理解与驾驭又从细节上影响了译文的原貌。从认知语言学的角度来看，翻译过程就是译者对原作及其所反映的世界进行认知的过程，翻译能力则体现在译者对这一认知过程进行控制，以取得事先所设定的翻译结果。具有较强翻译能力的译者总是有明确的翻译意图和目标，能够合理地处理原文，让译文发挥预期的功能并为读者所接受。从《鹿柴》一诗的翻译来看，认知的角度也直接体现了翻译能力的强弱。Chang & Lewis 只把原诗看作一个再创作的原始素材，对它进行了大胆改造；叶维廉把它看作是推介中国古典诗歌的一个机会；只有 Snyder 把视点落在诗本身，看到了诗人的独具个性和诗歌的独特意境。从诗学效果和被接受程度来衡量，显然 Snyder 展示出了高人一筹的翻译能力。

4.3.5 认知翻译学对翻译能力培养的启示

翻译活动的主体是译者，认知翻译学视角关注译者在翻译活动中所经历的体验、认知和再现的过程。王寅（2007：583—590）提出认知语言学的翻译模式包含六个观点：翻译具有体验性，翻译具有多重互动性，翻译具有一定的创造性，翻译的语篇性，翻译的和谐性翻译的"两个世界"（即现实世界和认知世界）。笔者认为这种综合描述的认知翻译观对以培养翻译能力为中心的教学有着非常深刻的启发意义。

1. 认知翻译学可以发展成为一种翻译教学模式

认知翻译学所提出的现实—认知—语言（翻译）实际上是一个宏观的翻译过程，关注了翻译中的种种语言之外的因素：现实、人、文本。而这些因素又可以细分为当下的情境、对翻译任务的描述、人的立场、人与文本的关系、文本与现实/情境的关系、人和人之间的关系；同时，还关注这些因素及它们之间的相互作用是如何反映到语言上的。换言之，认知翻译学以同样的程度来关注源语和译语的转换及语言转换背后的认知活动。用认知翻译学的观点去看待翻译教学，我们会意识到在翻译课堂中教授不同语言之间的互换技巧远非教学的全部，亦不是教学的中心。翻译教学还应包括引导学生去面对原文及原文所反映的世界；确定自己对原文的态度；分析整个翻译的情境并确认自己在翻译活动中的立场；承担自己在翻译过程中所应负的责任，并明确翻译活动所应达到的目的和效果等。翻译教学在内容上应至少包括两个基本板块：一是让学生理解并参与翻译过程的每一步，认识原文—确立翻译目标—开展翻译活动—修改译文以实现既定的翻译目的；二是在开展翻译活动这一环节训练学生如何进行语言转换，如何处理翻译中的人际关系，译者如何进行翻译决策和选择，等等。

换言之，认知翻译学重视认知和互动。如方梦之（1999：41）所说："在翻译活动中，认识活动起主导作用，想象和思维处于核心地位。"翻译教学不能仅局限于语言能力的培养和翻译文本的讲解，必须充分重视学生思维过程和认知过程，加强学生对源语言和目标语思维模式上差异的了解，强调译者、作者、原作品和译文之间的互动，以此提升翻译质量。

认知翻译学的教学模式不仅仅训练学生的语言能力，还要求学生发挥他们的创造力、人际沟通能力、正确的选择和决策等解决问题的能力。也就是说，认知翻译学的翻译观确定培养翻译能力是翻译教学的中心。

2. 认知翻译学把译者推到了翻译活动的核心与主导地位

认知翻译学以体验与现实世界的关系作为哲学基础，而译者是翻译过程中最重要、最活跃的体验和认知主体，因此，认知翻译学把译者推到了翻译活动的核心与主导地位。自然而然对于译者的要求就不仅仅限于他们的语言转换能力，还要求他们具备相当的协调与处理问题的能力，这也就是为什么"和谐性""多重互动性"和"翻译的两个世界"等被认为是认知语言学的翻译观的重要内容。译者的翻译能力实际上就作为一个非常重要的概念被确立起来。

Kiraly（1995：18—19）提到翻译教学中存在的问题之一是翻译教学未能运用相关学科及现代翻译研究的成果。笔者建议翻译教学必须充分联系语言学理论的研究成果，加强翻译理论的解释力，提高译者对跨语言特性的理论认知，为理解原文、创造译文打下扎实的基础。

3. 认知翻译学对翻译教学的课堂方式和教材编写的启发意义

在认知语言学的翻译教学模式下，学生势必成为课堂教学的中心，传统的教师点评译文的翻译教学方式遭到否定。

新世纪翻译教材的功能之一是最快转化最新翻译研究成果，应用跨学科理论（语言学、教育学、心理学、信息学、市场营销学）和相关翻译理论指导教材的编撰，提高教材"转智成能"的教育功能。"翻译教材囊括的内容从讲语法知识和翻译技巧，扩大到文化差异与对比、翻译对人类文明发展和自然界的影响，涉及的学科内容从语言学，扩大到文化学、社会学、人类学和生态学。翻译教材的跨学科研究日益引起学界和译界的重视。"（陶友兰 2013：6）

在认知科学日益发展的今天，翻译教材的编写必须从方法论上鲜明地体现以培养翻译能力为目标的教学思想。传统的以训练语言转换技巧如直译、意译等为主要内容的翻译教材也将完全遭到淘汰。若以"翻译的语篇性"这一重要的认知语言学的翻译观点为参照，选择一些具有实用交流价值的语篇来编成教材，并在编排上贯彻有些学者提出的"以学生为中心""参考译文应配有两篇或三篇""组织学生对学生译文及参考译文进行比较评析，使学生变被动接受信息为主动创造信息"和"强调以理论指导实践"（魏志成 2004：V）等观点，对全面培养学生的翻译能力会产生良好的效果。

练习的设计除了要遵循交际规律外，还要考虑学生的认知模式，遵循认知规律。学生在做翻译练习时所经历的翻译过程是一个互动的、永无休止的动态过程,心理活动自始至终伴随着理解和表达的全过程。"对翻译过程的研究,实际上就是探讨双语转换的认知心理过程,是人脑对源语言信息进行加工处理并加以传译的特殊的思维过程。从一种语言到另一种语言的转换过程中,认知模式在译者大脑活动时发挥着非常重要的作用。"(丁树德 2003:49)

认知翻译学视角下,翻译能力培养不仅仅局限于双语能力、翻译技巧、文化素养、双语转换能力等方面,还包括场景认知能力、翻译思辨能力及认知翻译思维意识。译者如果无法体验原作者眼中的客观世界和认知世界,翻译就失去了忠实的基础。因此,翻译教学有必要以学生为中心,帮助其体验原作者的体验,感受原作者的感受,培养敏锐的语言感知力与掌控力。认知翻译学引导我们重新认识译者的思维和体验在翻译过程的作用,因此教学中要充分调动学生的积极性,激发创新型思维。

综上所述,认知翻译学将翻译过程与认知过程紧密结合,加强翻译课堂互动性,实现学生与原文的互动,教师能够充分浸入学生翻译过程,在培养学生语言能力及提高翻译技巧的同时,培养学生的场景认知能力、翻译思辨能力,并提升学生认知翻译思维意识。

认知翻译教学的一个突出特征就是强调学生的主体认知建构。翻译教学可以针对不同阶段、不同知识背景的学生而采取不同方法。由于认知语言学范畴的抽象性和复杂性,认知翻译教学可能会面临一些实际操作上的问题。具体操作方法需要我们在教学实践中开展更多的探索,而一些假设性的推论,也有待我们在教学实践中进行检验和修正。(谭业升 2012a)

此外,当前课程体制的不断改革及社会需求的不断提高,对于课堂教学模式也提出了更高的要求。翻译教学应该不仅仅局限于学生对相关语言之间的转换,更应该培养其自身的翻译能力。在此过程中,教师也需要进行广泛的阅读与学习,只有这样,才能够深入指导学生学习,切实提高教学水平。

第五章

　　# 结　语

近年来，认知翻译学的研究方兴未艾。自20世纪50年代以来，进入现代时期的翻译研究，深受结构主义、信息论、解构主义和认知科学理论的影响，跨学科的交叉研究趋势日益明显。发轫于西方的认知翻译学研究是在"翻译心理学（或认知心理学）和基于认知语言学的认知翻译学研究等跨学科理论的基础上逐步建立起来的"（卢卫中，王福祥 2013：607）。认知和翻译研究的结合，不仅助推翻译本体研究向更高层次发展，也为认知科学和认知语言学的应用研究开疆拓土。

近年来国内众多学者出版了多部涉及认知语言学和翻译的专著，王寅阐述了认知、认知语言学的理论基础、认知语言学的重要理论及认知语言学的翻译观，从理论的高度廓清了翻译的新思路。谭业升在其2009年出版的专著《跨越语言的识解（翻译的认知语言学探索）》中探讨了"识解"这一理论概念及识解运作的翻译研究价值，提出了隐喻的识解观和翻译认知文体学的概念，并对中国古诗翻译美学进行分析探究，阐明了诗歌翻译美学的语言认知特征、本质和基础。颜林海在2008年出版的专著《翻译认知心理学》中阐释了翻译认知心理学的理论基础为认知心理学和元认知理论，并对译者的心理活动和翻译的加工模式、翻译的认知本质等问题进行了研究论述，开启了翻译认知心理机制的神秘之门。

5.1 认知翻译学研究的优势与不足

一门科学的发展"本质上是积累范式与变革范式的交替运动过程"(陈悦,陈超美,刘泽渊等2015：245)。根据上文的分析,我们认为国内认知翻译学研究领域已经进入范式累积期,研究者们按照普遍接受的研究路径来解决这一领域中相关重要课题,并取得了一定的成果,但是还存在一些问题,值得我们思考。

5.1.1 认知翻译学研究的优势

自20世纪80年代以来,认知翻译学研究取得了长足的进展,翻译学的研究在深度和广度上都有所突破。这一时期见证了中国认知翻译学研究由传统翻译学科走向现代翻译学科,由单一学科研究走向综合式交叉研究大学科之必然趋势。

通过对近年来国内学术界认知翻译学研究成果的分析,我们不难发现,国内认知语言学和翻译的研究取得了迅速的发展,尽管我国认知翻译学研究尚处于起步探索阶段,但国内学者极高的研究热忱有效地推动了该研究的长足发展。同时,认知语言学和翻译的结合使得这两门学科互促互利,发展前景广阔,具有以下三个特点。

第一,理论研究日趋成熟,理论研究成果斐然。翻译的本质理论探讨较多,处于认知理论在翻译领域的学习和消化阶段。除了常见的期刊论文外,还有国外认知语言学和翻译理论著作的引进介绍及本土学者的大量学术专著的问世。这些西方理论的引进和本土理论的创作无不给认知翻译学的发展带来了春天。

第二,注重学科的交叉性和理论对实践的指导性。跨学科之间的理论结合既符合当前国际学术研究横向交叉、相互借鉴的特点,又能够节省研究时间,且避免重复研究和研究的单一化和低起点。一方面,将认知语言学与心理语言学、社会语言学等学科相结合,形成强大的学科理论基础;另一方面,认知语言学与翻译、口译、教学、培养译者能力相结合,翻译与文化语境语用相结合,对理论的实践指导产生深远的意义。

第三,形成宏观研究与微观研究兼顾的研究。不仅用认知语言学的理论来探讨宏观的翻译现象,而且解决具体的翻译单位问题,比如词汇、句子、特殊句式(被动句、无灵主语句、模糊语等)和篇章的翻译认知过程,广告语和科技英语的认知模式,以及误读误译现象的认知心理过程等琐碎但无处不在的翻译具体问题。特别值得一提的是,有些学者能对中国认知翻译学研究的现状深入思考,敏锐地挖掘出表象背后存在着的问题本质,并对其进行反思和展望,指出在认知语言学和翻译研究领域仍存在大量"研究处女地"。中国的学者只有深入探讨这些亟待解决的问题,认知语言学和翻译研究才能有质的飞跃。

5.1.2 认知翻译学研究的不足

通过对各种刊物的统计调查,我们不难发现,国内认知翻译学研究论文呈现出波浪形逐年上升的趋势。不同级别的科研基金助推了这一研究领域的发展,已经形成稳定的科研共同体,其研究成果集中刊发在语言学类核心期刊和高校综合性核心学报上。研究热点包括翻译、认知、隐喻、关联理论、认知语言学等话题,其中隐喻理论和认知语言学的研究对认知翻译影响深远。内省思辨为主流研究范式,实验实证研究明显不足。未来认知翻译的理论建构、研究方法的多元互补及研究范式的推广有待学者们的大量投入和付出。国外认知翻译学研究的贡献在于研究方法的革新,相关研究摒弃了传统理论思辨的研究范式,采用实证的、实验的研究方法,为这一跨学科研究开辟了新的路径,也为认知翻译理论的建构提供了一定的数据支持。但是,翻译活动涉及译者兼作者的认知能力、认知方式和认知构建内容等很多复杂的因素,许多要素不能定量分析,所以仅仅依靠科学实验的方法难免会有缺陷和不足。目前，认知翻译研究在如下几个方面还存在着一定的不足。

1. 认知翻译理论的建构之路漫长

目前，国内认知翻译学研究主要是基于认知语言学理论来对翻译的过程、翻译教学、译者认知及翻译中的其他现象进行研究，即以认知语言学理论之"石"，攻翻译之"玉"。这种研究路径对翻译研究的范式提升、拓展认知语言学理论的应用空间起到了积极的作用。该领域的"理论研究的最终目标是构建一个普遍接受或切实可行的翻译过程描写模式"（卢卫中，王福祥 2013：613），虽然国内学者分别从宏观视角（颜林海 2014）和微观视角（金胜昔，林正军 2015a）出发，尝试构拟了翻译认知过程描写模式，但是其操作性和适用性还有待于实践检验，所以认知翻译理论的建构之路仍然漫长。翻译的认知研究有着跨学科的显性特征。

不可否认，以认知语言学学者为代表的著名学者确实为认知翻译学研究的发展做出了巨大的贡献，但同时我们也必须看到，认知翻译学的理论来源绝不能应以认知语言学一家为独大。认知科学，尤其是认知心理学和神经科学的最新研究成果理应被积极地引入认知翻译学研究中来。认知翻译学研究是非常典型的跨学科研究，我们欢迎更多的相关学科的介入，而不是出现"一言堂"的局面。翻译不仅仅关乎语言，认知翻译学研究也就不仅仅关乎认知语言学，因此，以认知语言学代替认知科学作为认知翻译学研究的理论基础显然是不足取的。我们希望更多的翻译研究学者、译者、认知学科学者能够加入进来，为翻译认知学科的健康发展献策献力。正如有学者在评介《翻译与认知》所说的那样，全书 14 项研究所涉的 22 位研究者中，有近三分之一（7 位）源自认知科学各分支学科如心理学、神经生理学、认知语言学、计算语言学等专业背景。（邓志辉 2011）这才是我们希望看到的情形。如谭载喜教授就利用认知科学的原型理论来分析翻译中的二元对立，如直译与意译、异化与归化、忠实与不忠实、可译与不可译等传统议论中的焦点问题,提出翻译原型就是"在各个层面和特质上忠实于源文本的、符合目标语规范的语际转换"(谭载喜2011),提倡以此展开翻译本体理论的研究。胡开宝和李晓倩则把语料库翻译学和认知翻译学研究结合在了一起。(胡开宝,李晓倩2016)这些研究显然都有助于认知翻译学研究不断扩充自己的理论视角。

因此,认知翻译理论的建构要本着"在融合的基础上实现超越"这一原则,注重该学科内外理论的厚积与创新。基于认知语言学、认知心理学的理论,以翻译为内核,以认知科学和神经科学成果与手段为辅证,结合对翻译活动主客观环境的考察,才有可能建构切实可行并能充分解释翻译所关涉要素的认知翻译理论模式。

此外,认知翻译学研究过程中的模仿与重复远超创新。不可否认,借助于某种理论对某种现象进行阐述是国内学术研究中较为普遍和受欢迎的便捷之道。这种途径的现实操作性和可复制性可以帮助在研究中大批量地完成科研任务,但这种思路下的研究或许能够对成熟理论模式的推广和应用起到一定的积极作用,但对于该学科的理论创新显得缺乏诚意。没有哪一种理论是放之四海而皆准的金科玉律,尚处于发展阶段的认知翻译学研究往往会被当作一种热门的翻译理论,拿来解读各种各样的翻译现象,这本身并非坏事,但因此而出现的"假性研究"造成了研究成果的粗制滥造,对于促进本学科的发展和进步却难有进益。

2. 研究方法重内省思辨,轻实验实证

目前国内学者最常用的研究方法主要为内省思辨,即研究者借鉴认知语言学、认知心理学的理论对翻译中主要话题,如翻译本质(王寅2005)、翻译原则(王明树2010)、翻译策略(周晶,何元建2010)、翻译教学(苗菊,朱琳2010;谭业升2012a)进行归纳思辨,采取这一研究方法的论文文献占绝大多数。采取实验实证的论文主要集中探讨翻译能力(钱春花2012)、认知机制(刘绍龙,胡爱梅

2012)。使用这一研究方法的论文占文献总数的比例极少,虽比刘绍龙和夏忠燕(2008)所分析的3.3%数值有了一定的提升,但是,这两种研究方法的比重仍然失衡。国内认知翻译学研究在前科学时期具有明显的"初始阶段的理论梳理与思辨这一研究特征"(刘绍龙,夏忠燕 2008:62),但在范式的累积期,实证实验研究应该成为这一领域的主要研究取向。

内省思辨可以解决科学研究的"可及性"问题,实验实证可以解决研究的"可靠性"问题。"思辨有利于创新,实证有利于发现,两者不能相互排斥、相互替代"(张绍杰 2015:4)。在认知翻译学研究中,我们主张学者们重视实验实证的方法,从这一路径来进行翻译的认知研究,为认知翻译理论的建构提供可靠的数据支持。另外,我们还应该坚持采取内省与实证相结合的研究路径,充分发挥二者的互补性。

尽管国内已有学者开始采用多元互证模式进行翻译认知过程的实证研究,但与国外的实证研究相比,其研究方法较为单一,研究设计不够完善,因此,实验数据的效度和信度较低。今后的认知翻译学研究应注重自然科学的实验方法与社会科学的人文方法相结合、实录数据分析与理论思辨相结合。(郑冰寒 2008)

如上文所述,目前认知翻译学的理论研究过多,实践研究不够,仍不能跳脱理论与实践脱节的瓶颈。认知翻译学研究是典型的描述性研究,它并不对翻译的结果进行评价,而是试图揭示出翻译过程中译者的心理认知过程与状态,因此,实证数据的收集和分析就显得额外重要。但就目前的相关研究来看,这一点让人感到非常失望。而且缺乏实证数据支撑的思辨性研究对于以严谨著称的认知科学而言,也是一个致命的弱点。不得不说,目前国内的认知翻译学研究所采用的研究方法主要为内省思辨,即研究者借鉴认知语言学、认知心理学的理论,对翻译中主要话题进行归纳思辨,采取这一研究方法的论文占压倒性多数。但对于被关在"黑匣子"里面的人类大脑的认知活动而

第五章 结语

言,仅仅依靠假设和思辨显然是不够的。

3. 推动与发展这一研究路径的手段和形式单一

国内认知翻译学研究有了可靠的智力支持和物质保障,但总体来看,推动该领域发展的手段和形式过于单一。目前,国内认知翻译学研究的发展主要得益于语言学研究者的跨界"探险",他们或通过国内核心期刊阵地传播观点,或利用翻译学和语言学的会议平台进行学术交流。

翻译认知过程研究具有跨学科性质,研究者不仅需要借鉴相关邻近学科的理论体系和研究范式,更需要与相关学科的学者开展跨学科合作,共同参与认知翻译学研究。目前,翻译认知过程研究的跨学科合作不够深入,尚未成立专门的课题研究小组。鲜有翻译学研究出身的学者采取认知的路径来考察翻译,也没有从事认知科学和神经科学的研究者加盟该领域的科学共同体。在该领域内跨学科的作者合作网络尚未形成,这制约着该研究范式向纵深发展。

为解决上述瓶颈,有学者建议语言学出身或是翻译学出身的研究者可以充分利用本学校优势硬件平台,或者和相关的神经医学机构进行合作。有的学校建有心理学实验室、神经科学研究中心或附属医学部,这就为真正意义上的跨学科研究提供了便利的外部条件。国内的翻译研究者应与来自心理学、神经生理学和计算机语言等学科的专家、学者加强合作,共同参与翻译认知过程研究,采用所在学科的最新理论模式、研究方法和工具为翻译认知过程研究提供新的理论视角和研究范式,以促进翻译认知过程研究的进一步发展。这样,通过语言学、翻译学和心理学、神经医学的跨界结合,容易形成合力进而推动该研究领域向纵深发展。

此外,举办全国性或是区域性的认知翻译学研究专题会议,可以为有共同研究取向的研究者提供更为有效的交流平台。另外,定期聘请国外专家讲学交流也是一种行之有效的途径。国内学者借此可以取长补短,自我提升。但我们仍应该"采取'本位观照、外位参照'

的基本价值观"（刘宓庆 2005：4），避免盲从，要立足国内认知翻译学研究的实际，在中华文化"走出去"的大背景下，通过重点考察汉译外，来推动该研究领域的深入发展。

5.2 认知翻译学研究的展望

翻译学与认知科学的结合促使了认知翻译学研究或称认知翻译学这一交叉学科的诞生。根据 Shreve 和 Angelone 所做的论述，从认知角度研究翻译将成为翻译研究的主要发展方向。近年来，国内外认知翻译学研究蓬勃发展，取得了较为瞩目的研究成果。

5.2.1 研究理论

认知翻译学研究的兴起与发展得益于认知科学、认知语言学、心理语言学、语用学及翻译学等的发展，同时又反过来促进这些相关学科的发展。

认知翻译学的多学科、多层面的综合研究，即从修辞、语用、认知、心理、文化等方面着重探讨认知与翻译现象，因而也导致了认知翻译学等新型交叉学科的诞生。传统翻译静态研究也注入认知科学与心理学的理论与方法，成为洞悉全人类普遍有效的思维方法与认知手段。不难预见的是，越来越多的学者会大胆吸收其他学科领域理论的长处，走与认知和翻译综合研究交叉互补之路。

5.2.2 研究方法

经过 30 多年的发展，国外翻译过程实证研究已逐渐形成了基于内省法的方法论体系，该体系以内省法为主，其他六种方法为辅。

内省法包括 4 种形态：共时性有声思维法、回溯性有声思维法、后续访谈法和对话报告法。这 4 种方法所提供的内省数据，间接反映了翻译过程中译者的认知思维活动。现场观察法、现场录像法、按键记录法、屏幕录制法、问卷调查法和文本分析法 6 种辅助方法则主要

第五章 结语

提供译者翻译过程的外部数据。

目前，国外的认知翻译学研究已从理论假设层面转向实证研究层面，研究方法也从单一方法转向多种方法的综合运用，即采用多元互证模式进行实证研究。

早期开展的认知翻译学研究所用的研究方法较为单一，以有声思维法为主的口头报告法是收集实验数据的主要方式。近年来，越来越多的研究者开始将多种研究方法相结合，采用多元互证模式（triangulation）进行翻译过程研究，即采用两种或两种以上研究工具，收集不同类型的数据，对数据进行综合分析，从而提高研究结果的质量、效度和可靠性。

多元互证模式是当前翻译过程实证研究的重要理念和主要方法，弥补了单独使用口头报告法所得数据在客观性与可靠性方面的不足，是翻译过程研究在方法论上的一次突破，会成为未来一段时间的主要研究方法和研究手段。

近年来，国内的翻译认知过程实证研究快速发展，在研究设计、变量控制、研究规模和数据收集工具等方面也取得了显著进步。

5.2.3 研究对象

就目前的研究现状来看，认知翻译学研究的重心主要集中于理论引进、理论建构和理论分析现象等几个方面，缺乏与翻译实践的结合，更缺乏实证研究。

认知翻译学研究，从根本上说还是属于翻译研究的范畴，因此，翻译学学者和译者的缺位是相当可怕的。因此，我们最希望看到的局面就是翻译学研究出身的学者通过认知科学的路径来考察翻译，以及译者通过自身的翻译实践为认知翻译学研究提供真实的一手资料。

认知科学是对人类认知活动的描述和解读，并对人类的认知活动进行指导，因此，认知翻译学研究需要把描述和指导结合起来，走实证研究的路线，促进认知翻译学研究的健康发展。

认知翻译学研究旨在弄清译者在翻译过程中是怎样及如何"获得"和"使用"知识，即译者是怎样进行认知加工的，就必须借助于认知心理学的理论和研究方法。（颜林海 2008）认知心理学所包含的感觉系统研究、记忆系统研究、信息加工研究、问题解决与解决研究、语言研究及心理与大脑研究，都在朝着更为先进的方向前进（参见斯佩曼，2007）。这些最新进展拓宽和加深了认知心理学的研究，同时也应该成为认知翻译学研究新的切入点。认知翻译学研究需要把描述和指导结合起来，走实证研究的路线，促进认知翻译学研究的健康发展。

对认知翻译学的研究还要做到宏观研究与微观研究兼顾。不仅用认知语言学的理论来探讨宏观的翻译现象，而且解决具体的翻译单位问题，比如词汇、句子、特殊句式（被动句、无灵主语句、模糊语等）和篇章的翻译认知过程，广告语和科技英语的认知模式，以及误读误译现象的认知心理过程等琐碎却无处不在的翻译具体问题。

当代学者要能更好地在后现代哲学视野下建构和实践认知翻译学，当走"上勾下联"的路子，即立足于翻译学或语言学阵地，一方面向上发展，进入"形而下"层面，从哲学等高度建构理论系统；另一方面也可向下联通，进入"形而上"层面，运用先进设备做实验，以数据说话。若能将这三层次打通，真正实现"三合一"，这才是 21 世纪外语科研人员所追求的目标，也必将会有力推动我国翻译学和语言学的建设，尽早进入世界学术前沿。

参考文献

Abbot-Smish, K. & Tomasello, M. (2006). Exemplar-learning and schematization in a usage-based account of syntactic acquisition[J]. *The Linguistic Review*, 23(3):275-290.

Al-Fahad, S. (2012). *Metonymy in Arabic and Translating Metonymic Expressions into English* [M]. Saarbrücken: Lap Lambert Academic Publishing.

Alves, F. (2003). *Triangulating Translation: Perspectives in Process Oriented Research* [M]. Amsterdam: John Benjamins.

Angelone, E. (2010). Uncertainty, uncertainty management and metacognitive problem solving in the translation task [G]. In G. Shreve & E. Angelone (Eds.). *Translation and Cognition*. Amsterdam: John Benjamins: 7-40.

Armstrong, N. (2005). *Translation, Linguistics, Culture: A French-English Handbook* [M]. Clevedon: Multilingual Matters.

Arppe, A. & Järvikivi, J. (2007). Every method counts: Combining corpus-based and experimental evidence in the study of synonymy [J]. *Corpus Linguistics and Linguistic Theory*, 3(2): 131-159.

Baker, M. (1992). *In Other Words: A Coursebook on Translation* [M]. London and New York: Routledge.

Baker, M. (1993). Corpus linguistics and translation studies: Implications and applications [G]. In M. Baker, G. Francis & E. Tognini-

Bonelli (Eds.). *Text and Technology: In Honor of John Sinclair*. Amsterdam: John Benjamins: 233-250.

Barlow, M. & Kemmer S. (2000). Introduction: A usage-based conception of language [G]. In M. Barlow & S. Kemmer (Eds.). *Usage-based Models of Language*. Stanford: CSLI.

Bell, R. (1991). *Translation & Translating: Theory & Practice* [M]. London & New York: Longman.

Berman, A. (1995/2009). *Toward a Translation Criticism: John Donne* [M]. F. Massardier-Kenney (Ed. & trans.). Kent: Kent State University Press.

Bilalić, M., McLeod, P., & Gobet, F. (2009). Specialization effect and its influence on memory and problem solving in expert chess players [J]. *Cognitive Science*, 33 (6): 1117-1143.

Birner, B. J. & Ward, G. (1998). *Information Status and Non-Canonical Word Order in English* [M]. Amsterdam/Philadephia: John Benjamins.

Bransford, J. D. & Franks, J. J. (1971). The abstraction of linguistic ideas [J]. *Cognitive Psychology*, 2: 331-350.

Buchowski, M. (1996). Metaphor, metonymy, and cross-cultural translation [J]. *Semiotica*, (3/4): 301-310.

Bybee, J. & Eddington, D. (2006). A usage-based approach to Spanish Verbs of "becoming" [J]. *Language*, 82: 323-355.

Campbell, D. T. & Tanley, J. C. (1963). *Experimental and Quasi-experimental Designs for Research* [M]. Chicago: Rand McNally.

Catford. (1965). *A Linguistic Theory of Translation: An Essay in Applied Linguistics* [M]. Oxford: Oxford University Press.

Chase, W. G. & Simon, H. A. (1973). Perception in chess [J]. *Cognitive Psychology*, 4 (1): 55-81.

Chesterman, A. (1998). Causes, translations, effects [J]. *Target*, 10:

201 – 230.

Chesterman, A. (2000). A causal model for translation studies [G]. In M. Olohan (Ed.). *Intercultural Faultlines—Research Models in Translation Studies I: Textual and Cognitive Aspects*. Manchester: St. Jerome Publishing.

Chi, M. T. H. (2006). Two approaches to the study of experts' characteristics [G]. In K. A. Ericsson, et al. (Eds.). *The Cambridge Handbook of Expertise and Expert Performance*. Cambridge: Cambridge University Press: 21 – 30.

Chomsky, N. (1995). *The Minimalist Program* [M]. Cambridge: The MIT Press.

Croft, W. (1991). *Syntactic Categories and Grammatical Relations* [M]. Chicago: University of Chicago Press.

Croft, W. (2001). *Radical Construction Grammar: Syntactical Theory in Typological Perspective* [M]. Oxford: Oxford University Press.

Croft, W. (2007). Construction grammar [G]. In D. Geeraerts & H. Cuykens (Eds.). *Handbook of Cognitive Linguistics*. Oxford: Oxford University Press: 463 – 508.

Croft, W. & Cruse, D. A. (2004). *Cognitive Linguistics* [M]. Cambridge: Cambridge University Press.

Culicover, P. W. & Jackendoff, R. (2005). *Simpler Syntax* [M]. Oxford: Oxford University Press.

Danks, J. E., Shreve, G. M., Fountain, S. B., et al. (1997). *Cognitive Processes in Translation and Interpreting* [G]. London: Sage Publications.

De Beule, J. & Steels, J. (2005). Hierarchy in Fluid Construction Grammar [G]. In U. Furbach (Ed.). *Proceedings of KI-2005*. Berlin: Springer-Verlag: 1 – 15.

Denroche, C. (2015). *Metonymy and Language: A New Theory of Linguistic Processing* [M]. New York: Routledge.

Dimitrova, E. (2005). *Expertise and Explicitation in the Translation Process* [M]. Amsterdam: John Benjamins.

Dirven, R. & Verspoor, M. (1998). *Cognitive Exploration of Language and Linguistics* [M]. Amsterdam: John Benjamins.

Divjak, D. & Gries, S. Th. (2008). Clusters in the mind? Converging evidence from near synonymy in Russian [J]. *The Mental Lexicon*, 3(2): 188–213.

Dollerup, C. (2011). Eco-translatology in translation theory contexts [J]. *Journal of Eco-Translatology*, (1): 34–40.

Dragsted, B. (2010). Coordination of reading and writing processes in translation: An eye on uncharted territory [G]. In G. M. Shreve & E. Angelone (Eds.). *Translation and Cognition*. New York: John Benjamins.

Duchowski, A. T. (2007). *Eye Tracking Methodology: Theory and Practice* [M]. London: Springer.

Eco, U. (1979). *The Role of the Reader: Explorations in the Semiotics of Texts* [M]. Bloomington: Indiana University Press.

Ellis, N. C. (2003). Constructions, chunking, and connectionism: The emergence of second language structure [G]. In C. J. Doughty & M. Long (Eds.). *The Handbook of Second Language Acquisition*. Oxford: Blackwell Publishing Ltd: 52–84.

Ericsson, K. A. (2001). Expertise in interpreting: An expert-performance perspective [J]. *Interpreting*, 5(2): 187–270.

Ericsson, K. A. (2006). The influence of experience and deliberate practice on the development of superior expert performance [G]. In K. A. Ericsson, et al. (Eds.). *The Cambridge Handbook of Expertise and*

Expert Performance. Cambridge: Cambridge University Press: 683 – 703.

Ericsson, K. A. & Charness, N. (1994). Expert performance: Its structure and acquisition [J]. *American Psychologist*, 49(8): 725 –747.

Ericsson, K. A., Charness, N., Feltovich, P. & Hoffman R. (2006). *The Cambridge Handbook of Expertise and Expert Performance* [G]. Cambridge: Cambridge University Press.

Ericsson, K. A., Krampe, R. T. & Tesch-Römmer, C. (1993). The role of deliberate practice in the acquisition of expert performance [J]. *Psychological Review*, 100 (3): 363 –406.

Eskola, S. (2004). Untypical frequencies in translated language: A corpus-based study on a literary corpus of translated and non-translated Finnish [G]. In A. Mauranen & P. Kujamäki (Eds.). *Translation Universals. Do They Exist?* Amsterdam: John Benjamins: 83 –100.

Evans, R. (1998). Metaphor of translation [G]. In M. Baker (Ed.). *Routledge Encyclopedia of Translation Studies*. London: Routledge: 149 –152.

Evans, N. & Levinson, S. (2009). The myth of language universals: Language diversity and its important for cognitive science [J]. *Behavioral and Brain Science*, 32(5): 429 –448.

Fauconnier, G. (1985). *Mental Spaces* [M]. Cambridge: Cambridge University Press.

Feldman, J. (2006). *From Molecule to Metaphor: A Neural Theory of Language* [M]. Cambridge: The MIT Press.

Fillmore, Charles. (1977). Scenes-and-frames semantics [G]. In A. Iampolli (Ed.). *Linguistic Structures Processing*. Amsterdam: Elsevier: 55 –81.

Fillmore, C. (1985). Frames and the semantics of understanding [J]. *Quaderni Di Semantica*, 6:222 -254.

Fillmore, C., Kay, J. P. & O'Connor, M. C. (1988). Regularity and idiomaticity in grammatical constructions: The case of let alone [J]. *Language*, 64(3): 501 -538.

Galotti, K. M. (2005). *Cognitive Psychology: In and out of the Laboratory* [M]. 3rd ed. Xi'an: Shaanxi Normal University Press.

Gerloff, P. (1986). Second language learners' reports on the interpretive process: Talk-aloud protocols of translation[G]. In J. House & S. Blum-Kulka (Eds.). *Interlingual and Intercultural Communication*. Tübingen: Gunter Narr, 243 -262.

Gerloff, P. (1988). From French to English: A look at the translation process in students, bilinguals, and professional translators [D]. University Microfilms International.

Gibson, J. J. (1950). *The Perception of the Visual World* [M]. Boston: Houghton Mifflin.

Gibson, J. J. (1979). *The Ecological Approach to Visual Perception* [M]. Boston: Houghton Mifflin.

Gobet, F. & Simon, H. A. (1996). Recall of rapidly presented random chess positions is a function of skill [J]. *Psychonomic Bulletin and Review*, 3 (2): 159 -163.

Goldberg, A. (1995). *Constructions: A Construction Grammar Approach to Argument Structure* [M]. Chicago: The University of Chicago Press.

Goldberg, A. (2006). *Constructions at Work: The Nature of Generalization in Language* [M]. Oxford: Oxford University Press.

Goldberg, A. (2013). Constructionist approaches [G]. In Hoffmann & Trousdale (Eds.). *The Oxford Handbook of Construction Grammar*. New York: Oxford University Press: 27 -38.

Goldberg, A., Casenhier, D. & Sethuraman, N. (2005). The role of prediction in construction learning [J]. *Journal of Child Language*, 32:407-426.

Gonzálvez-García, F. & Butler, C. S. (2006). Mapping functional-cognitive space [J]. *Annual Review of Cognitive Linguistics*, 4:39-96.

Göpferich, S. (2008). *Translation Sprozess for Schung: Stand, Methoden, Perspektiven* [M]. Schweiz: BoD-Books on Demand.

Göpferich, S. (2009). Towards a model of translation competence and its acquisition: The longitudinal study TransComp [G]. In S. Göpferich, A. Jakobsen & I. Mees (Eds.). *Behind the Mind: Methods, Models and Results in Translation Process Research*. Copenhagen: Samfundslitteratur:11-27.

Göpferich, S. (2013). Translation competence: Explaining development and stagnation from a dynamic systems perspective [J]. *Target*, 25(1):61-76.

Göpferich, S., Bayer-Hohenwarter, G., Prassl, F. & Stadlober, J. (2011). Exploring translation competence acquisition: Criteria of analysis put to test [G]. In S. O'Brien (Ed.). *Cognitive Explorations of Translation*. London and New York: Continuum: 66.

Gries, S. Th., Beate, H. & Doris, S. (2005). Converging evidence: Bringing together experimental and corpus data on the association of verbs and constructions [J]. *Cognitive Linguistics*, 16(4): 1-17.

Guba, E. G. & Lincoln, Y. S. (1994). Competing paradigms in qualitative research [G]. In N. K. Denzin & Y. S. Lincoln (Eds.). *Handbook of Qualitative Research*. 1st ed. Thousand Oaks, CA: Sage Publications, Inc.: 105-117.

Gutt, E. (1991). *Translation and Relevance: Cognition and Context*

[M]. Oxford: Blackwell.

Gutt, E. (1992). *Relevance Theory: A Guide to Successful Communication in Translation* [M]. Dallas: Summer Institute of Linguistics.

Haiman, J. (1980). The iconicity of grammar: Isomorphism and motivation [J]. *Language*, 56(3): 515 – 540.

Haiman, J. (1985). *Natural Syntax: Iconicity and Erosion* [M]. Cambridge: Cambridge University Press.

Halverson, S. L. (2003). The cognitive basis of translation universals [J]. *Target*, 15(2): 197 – 241.

Halverson, S. L. (2010). Cognitive translation studies: Developments in theory and method [G]. In G. M. Shreve & E. Angelone (Eds.). *Translation and Cognition*. Amsterdam: John Benjamins: 349 – 369.

Hansen, G. (1999). *Probing the Process in Translation: Methods and Results* [M]. Copenhagen: Samfundslitteratur.

Hansen, G. (2010). Integrative description of translation processes [G]. In G. M. Shreve & E. Angelone (Eds.). *Translation and Cognition*. Amsterdam: John Benjamins: 189 – 211.

Haspelmath, M. (2008). Frequency vs. iconicity in explaining grammatical asymmetries [J]. *Cognitive Linguistics*, 19(1): 1 – 33.

Holmes, J. (2000). The name and nature of translation studies [G]. In L. Venuti (Ed.). *The Translation Studies Reader*. London & New York: Routledge: 172 – 185.

House, J. (1977). *A Model for Translation Quality Assessment* [M]. Tubingen: Gunter Narr.

House, J. (1997). *A Model for Translation Quality Assessment, A Model Revised* [M]. Tubingen: Gunter Narr.

House, J. (2001). Translation quality assessment: Linguistic description versus social evaluation [J]. *META*, 46 (2): 243 – 257.

参考文献

Hudson, R. A. (1990). 社会语言学[M]. 北京:中国社会科学出版社.

Hutchins, E. (1995). *Cognition in the Wild* [M]. Cambridge: The MIT Press.

Hvelplund, K. T. J. (2011). Allocation of cognitive resources in translation: An eye-tracking and key-logging study [D]. Copenhagen Business School.

Jackendoff, R. (1983). *Semantics and Cognition* [M]. Cambridge: The MIT Press.

Jakobson, A. (2002). Translation drafting by professional translators and by translation students [G]. In G. Hasan (Ed.). *Empirical Translation Studies*. Copenhagen: Samfundslitteratur.

Jakobsen, A. & Jensen, K. (2008). Eye movements behavior across four different types of reading task [G]. In S. Göpferich, A. Jakobsen & I. Mees (Eds.). *Looking at Eyes: Eye-tracking Studies of Reading and Translation Processing*. Copenhagen: Samfundslitteratur: 103 – 124.

Jakobson, R. (1959/2000). On linguistic aspects of translation [G]. In R. A. Brower (Ed.). *On Translation*. New York: Oxford University Press: 232 – 239.

Jensen, K. T. H. (2011). Distribution of attention between source text and target text during translation [G]. In S. O'Brien (Ed.). *Cognitive Explorations of Translation*. London: Continuum: 215 – 237.

Johnson, M. & Lakoff, G. (2002). Why cognitive linguistics requires embodied realism [J]. *Cognitive Linguistics*, (3): 245 – 263.

Just, M. A. & Carpenter, P. (1979). The computer and eye processing pictures: The implementation of a vaster graphics device [J]. *Behavior Research Methods & Instrumentation*, 11(2): 172 – 176.

Kellogg, R. (2006). Professional writing expertise [G]. In K. Erisson et al. (Eds.). *The Cambridge Handbook of Expertise and Expert Performance*. Cambridge: Cambridge University Press: 389 – 402.

Kiraly, C. D. (1995). *Pathways to Translation: Pedagogy and Process* [M]. Ohio: Kent State University Press.

Kramsch, C. (1993). *Context and Culture in Language Teaching* [M]. Shanghai: Shanghai Foreign Language Education Press.

Krings, H. P. (1986). Translation Problems and Translation Strategies of Advanced German Learners of French (L2) [G]. In J. House & S. Blum-Kulka (Eds.). *Interlingual and Intercultural Communication*. Tübingen: Gunter Narr: 263 – 276.

Krings, H. P. (1988). Blick in die "Black Box": Eine Fallstudie zum Übersetzungsprozeβ bei Berufsübersetzern [G]. In R. Arntz (Ed.). *Textlinguistik und Fachsprache*. Hildesheim, Germany: Olms: 393 – 412.

Kussmaul, P. (2000). Types of creative translating [G]. In A. Chesterman, N. Gallardo, S. Salvador & Y. Gambier (Eds.). *Translation in Context*. Amsterdam/Philadelphia: John Benjamins.

Kussmaul, P. (2006). A cognitive framework for looking at creative mental processes [G]. In M. Olohan (Ed.). *Intercultural Faultlines: Research Models in Translation Studies I*. Beijing: Foreign Language Teaching and Research Press.

Labov, W. (1973). The boundaries of words and their meanings [G]. In C. Bailey & R. Shuy (Eds.). *New Ways of Analysing Variation in English*. Washington: Georgetown University Press.

Lachaud, C. (2011). EEG, EYE and KEY: Three simultaneous streams of data for investigating the cognitive mechanisms and translation [G]. In S. O'Brien (Ed.). *Cognitive Exploration of Translation*. London: Continuum.

参考文献

Lakoff, G. (1987). *Women, Fire, and Dangerous Things: What Categories Reveal about the Mind* [M]. Chicago: The University of Chicago Press.

Lakoff, G. & Johnson, M. (1980). *Metaphors We Live By* [M]. Chicago: The University of Chicago Press.

Lakoff, G. & Johnson, M. (1999). *Philosophy in the Fresh: The Embodied Mind and Its Challenge to Western Thought* [M]. New York: Basic Books.

Lambrecht, K. (1994). *Information Structure and Sentence Form* [M]. Cambridge: Cambridge University Press.

Langacker, R. W. (1987/1991). *Foundations of Cognitive Grammar (Vol. I - II): Theoretical Prerequisites* [M]. Stanford: Stanford University Press.

Langacker, R. W. (1988). A usage-based model [G]. In B. Rudzka-Ostyn (Ed.). *Topics in Cognitive Linguistics*. Amsterdam: John Benjamins: 127-161.

Langacker, R. W. (1993). Reference-point constructions [J]. *Cognitive Linguistics*, 4(1): 1-38.

Langacker, R. W. (1998). Conceptualization symbolization, and grammar [G]. In T. Michael (Ed.). *The New Psychology of Language: Cognitive and Functional Approaches to Language Structure*. London: Lawrence Erlbaum Associates.

Langacker, R. W. (2000). A dynamic usage-based model [G]. In M. Barlow & S. Kemmer (Eds.). *Usage-Based Models of Language*. Chicago: The University of Chicago Press.

Langacker, R. W. (2005). Construction grammars: Cognitive, radical and less so [G]. In J. Francisco, et al. (Eds.). *Cognitive Linguistics: Internal Dynamics and Interdisciplinary Interaction*.

Berlin & New York: Mouton de Gruyter: 157 – 189.

Lawendowski, B. P. (1978). On semiotic aspects of translation [G]. In T. A. Sebeok (Ed.). *Sight, Sound and Sense*. Bloomington: Indiana University Press: 264 – 282.

Le Feal, K. D. (1993). Pédagogie raisonnée de la traduction [J]. *Meta*, 38 (2): 155 – 197.

Lieven, E., et al. (2003). Early syntactic creativity: A usage-based approach[J]. *Journal of Child Language*, 30: 333 – 370.

Lörscher, W. (1986). Linguistic aspects of translation processes: Towards an analysis of translation performance[G]. In J. House & S. Blum-Kulka (Eds.). *Interlingual and Intercultural Communication*. Tübingen: Gunter Narr: 277 – 292.

Lörscher, W. (1991). Thinking-aloud as a method for collecting data on translation processes [G]. In S. Tirkkonen-Condit(Ed.). *Empirical Research in Translation and Translation Studies*. Tübingen: Gunter Narr: 67 – 77.

Lörscher, W. (2005). The translation process: Methods and problems of its investigation [J]. *Meta*, 50: 597 – 608.

Lycan, W. (1999). *Philosophy of Language: A Contemporary Introduction* [M]. London: Routledge Publishers.

Martin, R. (2010). On paradigms and cognitive translatology[G]. In G. Shreve & E. Angelone(Eds.). *Translation and Cognition*. Amsterdam: John Benjamins: 169 – 187.

Michaelis, L. A. (2004). Type shifting in construction grammar: An integrated approach to aspectual coercion[J]. *Cognitive Linguistics*, 15(1): 1 – 67.

Michaelis, L. A. (2006). Construction grammar [G]. In K. Brown, et al. (Eds.). *Encyclopedia of Language and Linguistics* (Vol. 3).

Oxford: Elsevier.

Michaelis, L. A. (2012). Making the case for construction grammar [G]. In H. C. Boas & I. A. Sag (Eds.). *Sign-based Construction Grammar*. Stanford: CSLI: 31 – 67.

Moser-Mercer. (2000). *Bridging the Gap: Empirical Research in Simultaneous Interpretation* [M]. Amsterdam/Philadelphia: John Benjamins.

Muñoz, M. R. (2010). On paradigms and cognitive translatology [G]. In G. Shreve & E. Angelone (Eds.). *Translation and Cognition*. Amsterdam: John Benjamins: 169 – 188.

Muñoz, M. R. (2014). Situating translation expertise: A review with a sketch of a construct [G]. In J. Schwieter and A. Ferreira (Eds.). *The Development of Translation Competence Theories and Methodologies from psycholingusitics and Cognitive Science*. Cambridge: Cambridge Scholars Publishing: 2 – 22.

Neubert, A. (2000). Competence in language, in languages, and in translation [G]. In C. Schäffner & B. Adab (Eds.). *Developing Translation Competence*. Amsterdam/Philadelphia: John Benjamins: 3 – 18.

Newell, A. & Simon, H. A. (1972). *Human Problem Solving* [M]. Englewood Cliffs, NJ: Prentice Hall, Inc.

Newmark, P. (1981/2001). *Approaches to Translation* [M]. Shanghai: Shanghai Foreign Language Education Press.

Newmark, P. (2004). *A Textbook of Translation* [M]. Shanghai: Shanghai Foreign Language Education Press.

Newmeyer. (2003). Grammar is grammar and usage is usage [J]. *Language*, 79:682 – 707.

Nida, E. & Taber, C. (1969/1982). *The Theory and Practice of*

Translation [M]. Leiden: E. J. Brill.

Nord, C. (1991). *Text Analysis in Translation* [M]. Amsterdam: Rodopi.

Nordquist, D. (2004). Comparing elicited data and corpora [G]. In M. Achard & Z. Kemmer (Eds.). *Language, Culture and Mind*. Stanford: CSLI.

O'Brien, S. (2008). Processing fuzzy matches in translation memory tools: An eye-tracking analysis [G]. In S. Göpferich, A. Jakobsen, I. Mees (Eds.). *Looking at Eye: Eye-tracking Studies of Reading and Translation Processing*. Copenhagen: Samfundslitteratur.

O'Brien, S. (2009). Eye tracking in translation process research: Methodological challenges and solutions [G]. In I. Mees, F. Alves, S. Göpferich (Eds.). *Methodology, Technology and Innovation in Translation Process Research: A Tribute to Arnt Lykke Jakobsen, Copenhagen Studies in Language*. Copenhagen: Samfundslitteratur.

O'Brien, S. (2011). *Cognitive Explorations of Translation* [G]. London: Continuum.

Olohan, M. (2000/2006). *Intercultural Faultlines—Research Models in Translation Studies I: Textual and Cognitive Aspects* [G]. Beijing: Foreign Language Teaching and Research Press.

PACTE. (2000). Acquiring translation competence: Hypotheses and methodological problems in a research project [C]. In A. Beeby, D. Ensinger & M. Presas (Eds.). *Investigating Translation: Papers from the 4th International Congress on Translation* (Barcelona, 1998). Amsterdam: John Benjamins: 99–106.

PACTE. (2011). Results of the validation of the PACTE translation competence model: Translation project and dynamic translation index [G]. In S. O'Brien (Ed.). *IATIS Yearbook 2010*. London: Continuum: 30–53.

参考文献

Palmer, G. B. (1996). *Toward a Theory of Cultural Linguistics* [M]. Austin: University of Texas Press.

Radden, G. & Dirven, R. (2007). *Cognitive English Grammar* [M]. Amsterdam: John Benjamins.

Rayner, K. & Sereno, S. (1994). Eye movements in reading [G]. In M. Gernsbacher (Ed.). *Handbook of Psycholinguistics*. San Diego: Academic Press: 57 – 81.

Reiss, K. (1989). Text types, translation types and translation assessment [G]. In A. C. Chesterman (Ed.). *Reading in Translation Theory*. Helsinki: Oy Finn Lectura Ab, 105 – 115.

Reiss, K. (2000). *Translation Criticism—The Potentials and Limitations: Categories and Criteria for Translation Quality Assessment* [M]. E. F. Rhodes (trans.). Manchester: St. Jerome Publishing.

Rosch, E. (1973). On the internal structure of perceptual and semantic categories [G]. In T. E. Moore (Ed.). *Cognitive Development and the Acquisition of Language*. New York: Academic Press.

Rosch, E. (1975). Cognitive reference points [J]. *Cognitive Psychology*, (7): 532 – 547.

Sag, I. A. (2010). English filler-gap constructions [J]. *Language*, 86 (3): 486 – 545.

Sag, I. A. (2012). *Sign-based construction grammar: An informal synopsis* [G]. In H. C. Boas & I. A. Sag (Eds.). *Sign-based Construction Grammar*. London: CSLI: 69 – 202.

Schäffner, C. (2000). Running before walking? Designing a translation programme at undergraduate level [G]. In C. Schäffner & B. Adab (Eds.). *Developing Translation Competence*. Amsterdam: John Benjamins, 143 – 156.

Sharmin, S., Špakov, O., Räihä, K. J. & Jakobsen, A. L. (2008).

Where on the screen do translation students look while translating, and for how long? [G]. In S. Göpferich, A. L. Jakobsen & I. Mees (Eds.). *Looking at Eyes: Eye-tracking Studies of Reading and Translation Processing*. Copenhagen: Samfundslitteratur.

Shreve, G. (1997). Cognition and the evolution of translation competence [G]. In J. Danks, G. Shreve, S. Fountain & M. Mcbeath (Eds.). *Cognitive Processes in Translation and Interpreting*. London: Sage Publications: 120 – 136.

Shreve, G. (2002). Knowing translation: Cognitive and experiential aspects of translation expertise from the perspective of expertise studies [G]. In A. Riccardi(Ed.). *Translation Studies: Perspectives on an Emerging Discipline*. Cambridge: Cambridge University Press.

Shreve, G. & Angelone, E. (2010). Translation and cognition: Recent developments [G]. In G. Shreve & E. Angelone (Eds.). *Translation and Cognition*. Amsterdam: John Benjamins: 1 – 16.

Shreve, G., Lacruz, I. & Angelone, E. (2010). Cognitive effort, syntactic disruption, and visual interference in a sight translation task [G]. In G. Shreve & E. Angelone (Eds.). *Translation and Cognition*. Amsterdam: John Benjamins: 63 – 84.

Simon, H. A. & Chase, W. G. (1973). Skill in chess [J]. *American Scientist*, 61(4): 394 – 403.

Sjørup, A. (2011). Cognitive effort in metaphor translation: An eye-tracking study [G]. In S. O'Brien (Ed.). *Cognitive Explorations of Translation*. London: Continuum: 197 – 214.

Snell-Hornby, M. (2006). *The Turns of Translation Studies: New Paradigms or Shifting Viewpoints?* [M]. Amsterdam/Philadelphia: John Benjamins.

Sperber, D. & Wilson, D. (1986). *Relevance: Communication and

Cognition [M]. Oxford: Blackwell.
Steels, L. (2011). *Design Patterns in Fluid Construction Grammar* [M]. Amsterdam: John Benjamins.
Steels, L. (2012). *Computational Issues in Fluid Construction Grammar* [M]. Heidelberg: Springer.
Sternberg, R. J. (2006). *Cognitive Psychology* [M]. 3rd ed. Beijing: China Light Industry Press.
Strazny, P. (2005). *Encyclopedia of Linguistics* [M]. New York: Taylor & Francis Group.
Talmy, L. (2000). *Toward a Cognitive Semantics (Volume I): Concept Structuring Systems* [M]. Cambridge: The MIT Press.
Taylor, J. (1989). *Linguistic Categorization: Prototypes in Linguistic Theory* [M]. Oxford: Oxford University Press.
Tirkkonen-Condit, S. (2004). Unique items: Over- or under- represented in translated language? [C]. Paper presented at the 3rd International EST Congress, Copenhagen, Denmark, 30 August – 1 September, 2001. In A. Mauranen & P. Kujamäki (Eds.). *Translation Universals. Do They Exist?* Amsterdam: John Benjamins: 177 – 186.
Tirkkonen-Condit, S. (2005). Do unique items make themselves scarce in translated Finnish? [G] In K. Károly & A. Fóris (Eds.). *New Trends in Translation Studies: In Honor of Kinga Klaudy.* Budapest: Akad minal Kiadó: 177 – 189.
Tirkkonen-Condit, S. & Jääskeläinen, R. (2000). *Tapping and Mapping the Processes of Translation and Interpreting* [G]. Amsterdam: John Benjamins.
Tomasello, M. (2003). *Constructing a Language* [M]. Cambridge: Harvard University Press.
Tomasello, M. (2008). *Origins of Human Communication* [M]. Cambridge:

The MIT Press.

Toury, G. (1988). A handful of paragraphs on "translation" and "norms" [G]. In C. Schäffner (Ed.). *Translation and Norms*. Clevedon: Multilingual Matters.

Traugott, E. C. & Trousdale, G. (2013). *Constructionalization and Constructional Changes* [M]. New York: Oxford University Press.

Tummers, J., Heylen, K. & Geeraerts, D. (2005). Usage-based approaches in cognitive linguistics: A technical state of the Art [J]. *Corpus Linguistics and Linguistic Theory*, 1(2): 225-261.

Tymoczko, M. & Gentzler, E. (2002). *Translation and Power* [M]. Amherst, MA: University of Massachusetts Press.

Ungerer, F. & Schmid, H. J. (1996). *An Introduction to Cognitive Linguistics* [M]. London: Longman.

Ungerer, F. & Schmid, H. J. (2001). *An Introduction to Cognitive Linguistics* [M]. Beijing: Foreign Language Teaching and Research Press.

Valdeón, R. (2013). An emerging paradigm with a great potential for research and study—message from perspectives: Studies in translatology [J]. *Journal of Eco-Translatology*, (1):8.

Verschueren, J. (1999). *Understanding Pragmatics* [M]. London and New York: Arnold.

Weinberger, E. & Paz, O. (1987). *Nineteen Ways of Looking at Wang Wei* [M]. New York: Mt. Kisco.

Wierzbicka, A. (1988). The semantics of English causative constructions in a universal-typological perspective[G]. In Tamasello (Ed.). *The New Psychology of Language*. Manwah, NJ: Lawrence Elbaum: 113-153.

Wilson, M. (2002). Six views on embodied cognition [J]. P*sychonomic Bulletin and Review*, 9(4): 625-636.

Wilss, W. (1982/2001). *The Science of Translation: Problems and Methods* [M]. Shanghai: Shanghai Foreign Language Education Press.

Yudes, C., et al. (2011). The influence of expertise in simultaneous interpreting on non-verbal executive processes [J]. *Frontier in Psychology*, (2): 1-9.

蔡龙文. (2010). 论基于认知语言学的翻译机制 [J]. 广东外语外贸大学学报, (3): 57—61.

陈道明. (2002). 隐喻与翻译——认知语言学对翻译理论研究的启示 [J]. 外语与外语教学, (9): 40—43,50.

陈宏薇. (2003). 符号学与文学翻译研究 [J]. 外国文学研究, (1): 11—15.

陈吉荣. (2014). 翻译认知能力建构研究 [M]. 杭州: 浙江大学出版社.

陈劲秋. (2005). 英汉互译理论与实践 [M]. 武汉: 武汉大学出版社.

陈恪清, 张玲. (2005). 大学英汉翻译教程 [M]. 开封: 河南大学出版社.

陈满华. (2009). 关于构式语法理论的几个问题 [J]. 外语教学与研究, (5): 337—344.

陈满华, 贾莹. (2014). 西方构式语法理论的起源和发展 [J]. 苏州大学学报(哲学社会科学版), (1): 127—135.

陈悦, 陈超美, 刘泽渊等. (2015). CiteSpace 知识图谱的方法论功能 [J]. 科学学研究, (2): 242—253.

陈振东, 杨会军. (2007). 商务英语中的隐喻及其翻译 [J]. 上海翻译, (1): 37—41.

程永生. (2005). 汉译英理论与实践教程 [M]. 上海: 上海外语教育出版社.

邓云华, 石毓智. (2007). 论构式语法理论的进步与局限 [J]. 外语教学与研究,(5):323—330.

邓志辉. (2011). 认知学与翻译学结合的新起点——《翻译与认知》评介[J]. 中国翻译,(3):68—71.

邓志辉. (2018). 西方翻译专长研究十五年:2001—2016[J]. 外国语文,(1):11—18.

丁树德. (2003). 翻译教学中的学生心理障碍与认知框架[J]. 上海科技翻译,(3):49—51.

董洪川. (2012). 界面研究:外语学科研究的新增长点[J]. 外国语文,(5):2—3.

董顺琪. (2005). 经贸翻译研究的认知语言学观[J]. 成都大学学报(社会科学版),(3):16,31—32.

董燕萍,梁君英. (2002). 走近构式语法[J]. 现代外语,(2):143—152.

段金锦,何大顺. (2009). 浅析纽马克的翻译批评论[J]. 濮阳职业技术学院学报,(3):81—82.

范守义. (1987). 模糊数学与译文评价[J]. 中国翻译,(4):2—9.

方梦之. (1999). 翻译新论与实践[M]. 青岛:青岛出版社.

冯国华. (2004). 立足喻体 把握喻底——论譬喻在汉英互译中的处理[J]. 中国翻译,(3):17—22.

冯立新. (2005). 认知隐喻与翻译[J]. 惠州学院学报(社会科学版),(4):53—56.

傅敬民. (2015). 翻译能力研究:回顾与展望[J]. 外语教学理论与实践,(4):80—86.

戈玲玲. (2002). 顺应论对翻译研究的启示[J]. 外语学刊,(3):7—11.

顾正阳. (1997). 古诗词英译中应注意的问题——借代辞格的连用以及与其他辞格的结合[J]. 上海大学学报(社会科学版),(6):95—99.

郭敏,徐英辉. (2010). 浅析英语广告文体的翻译[J]. 牡丹江师范学院学报(哲学社会科学版),(5):84—86.

何爱晶,陆敏. (2009). 去粗存精 取精用宏——构式语法研究概述[J]. 重庆大学学报(哲学社会科学版),(2):135—139.

何自然,谢朝群,陈新仁. (2007). 语用三论:关联论·顺应论·模因论[M]. 上海:上海教育出版社.

侯国金. (2005). 语用标记理论与应用:翻译评估的新方法[M]. 成都:四川大学出版社.

侯国金. (2007). 双关的认知语用学解释与翻译[J]. 四川外语学院学报,(2):119—124,134.

侯国金. (2014). 构式语法的现状和前景[J]. 英语研究,(1):1—9.

侯敏,张妙霞. (2011). 认知语言学模式下的翻译特征[J]. 河北理工大学学报(社会科学版),(4):149—151.

胡庚申. (2004). 翻译适应选择论[M]. 武汉:湖北教育出版社.

胡庚申. (2008). 生态翻译学解读[J]. 中国翻译,(6):11—15.

胡庚申. (2011a). 生态翻译学的研究焦点与理论视角[J]. 中国翻译,32(2):5—9.

胡庚申. (2011b). 生态翻译学:生态理性特征及其对翻译研究的启示[J]. 中国外语,(6):96—99,109.

胡庚申. (2013). 生态翻译学建构与诠释[M]. 北京:商务印书馆.

胡开宝,李晓倩. (2016). 语料库翻译学与认知翻译学研究:共性与融合[J]. 山东社会科学,(6):39—44.

胡全生. (2007). 在封闭中开放:论《玫瑰之名》的通俗性和后现代性[J]. 当代外国文学,(1):96—103.

黄国文. (2002). 功能语言学分析对翻译研究的启示——《清明》英译文的经验功能分析[J]. 外语与外语教学,(5):1—6.

黄国文. (2004). 翻译研究的功能语言学途径[J]. 中国翻译,(5):15—19.

黄正德.(1990).说"是"和"有"[G].历时语言研究所集刊(59)."中央研究院"历史语言研究所(编).南京:江苏古籍出版社.

季羡林.(2007).季羡林谈翻译[M].北京:当代中国出版社.

江莉.(2009).基于转喻认知机制的文学隐含意翻译研究[J].西安外国语大学学报,(3):55—57,68.

蒋素华.(1998).关于翻译过程的研究[J].外语教学与研究,(3):55—58.

蒋骁华,宋志平,孟凡君.(2011).生态翻译学理论的新探索——首届国际生态翻译学研讨会综述[J].外国语,(1):34—36.

金炳华.(2001).哲学大词典[M].上海:上海辞书出版社.

金胜昔,林正军.(2015a).认知翻译模型构拟[J].外语学刊,(6):100—104.

金胜昔,林正军.(2015b).识解理论关照下的等效翻译[J].东北师范大学学报,(2):119—123.

康淑敏.(2012).教育生态视域下的外语教学设计[J].外语界,(5):59—67,78.

乐眉云.(1997).再论索绪尔的符号学语言观——语言符号的性质[J].外国语,(4):6—11.

李宝伦,潘海华,徐烈炯.(2003a).对焦点敏感的结构及焦点的语义解释(上)[J].当代语言学,(1):1—11.

李宝伦,潘海华,徐烈炯.(2003b).对焦点敏感的结构及焦点的语义解释(下)[J].当代语言学,(2):108—119.

李德超.(2004).TAPs翻译研究的前景与局限[J].外语教学与研究,(5):358—392.

李德超.(2005).TAPs翻译过程研究二十年:回顾与展望[J].中国翻译,(1):29—34.

李弘,王寅.(2005).语义理论与翻译研究——认知语言学对翻译的解释力[J].外语与外语教学,(10):35—39.

李洪儒.（2005）.试论词层级上的说话人形象——语言哲学系列探索之一［J］.外语学刊,（5）：43—48.

李平.（1999）.认知过程的翻译理论研究［J］.上海科技翻译,（4）：14—15.

李寅,罗选民.（2004）.关联与翻译［J］.外语与外语教学,（1）：40—42.

梁君英.（2007）.构式语法的新发展:语言的概括特质［J］.外语教学研究,（1）：72—75.

廖冬芳.（2007）.从关联理论角度看翻译的归化与异化［J］.科技资讯,（9）：135—136.

林克难.（1994）.关联翻译理论简介［J］.中国翻译,（4）：6—9.

林正军,王克非.（2012）.跨语言语法隐喻探讨［J］.外语学刊,（1）：59—63.

林正军,王克非.（2013a）.论非典型复杂构式产生的理据性［J］.现代外语,（4）：363—370.

林正军,王克非.（2013b）.语言符号论与构式论探析［J］.外语教学与研究,（3）：351—362.

刘国辉.（2007a）.构式语法的"构式"之辩［J］.外语与外语教学,（8）：1—5,22.

刘国辉.（2007b）."王冕三岁死了父亲"的认知构式剖析［J］.重庆大学学报(哲学社会科学版),（3）:125—130.

刘国辉.（2008）.《构式语法:溯源》述评［J］.当代语言学,（1）：73—77.

刘宓庆.（2003）.当代翻译理论［M］.北京:中国对外翻译出版公司.

刘宓庆.（2005）.新编当代翻译理论［M］.北京:中国对外翻译出版公司.

刘明东.（2003）.文化图式的可译性及其实现手段［J］.中国翻译,（2）：28—31.

刘绍龙.(2007).翻译心理学[M].武汉:武汉大学出版社.

刘绍龙,胡爱梅.(2012).词汇翻译提取效率和操作机制的认知研究——基于不同二语水平者的实证调查[J].中国翻译,(4):24—30.

刘绍龙,夏忠燕.(2008).中国认知翻译学研究:问题、反思与展望[J].外语研究,(4):59—65,112.

刘彤,陈学斌.(2006).外语专业本科翻译教学改革初探[J].科教文汇,(12):91—92.

刘晓林.(2007).也谈"王冕死了父亲"的生成方式[J].中国语文,(5):440—443.

刘宇红.(2005).事件框架的结构表征与翻译[J].山东外语教学,(3):68—71.

刘玉梅.(2010).Goldberg认知构式语法的基本观点——反思与前瞻[J].现代外语,(2):202—209.

刘云虹,许钧.(2011).从批评个案看翻译批评的建构力量[J].外国语,34(6):64—71.

卢卫中.(2011).转喻的理解与翻译[J].中国翻译,(2):64—67.

卢卫中,王福祥.(2013).翻译研究的新范式——认知翻译学研究综述[J].外语教学与研究,(4):606—616.

陆俭明.(2008).构式语法理论的价值与局限[J].南京师范大学文学院学报,(1):142—151.

陆俭明.(2009).构式与意象图式[J].北京大学学报(哲学社会科学版),(3):103—107.

罗飞,张睿.(2016).认知翻译学视角下翻译教学及翻译能力解读[J].陕西教育(高教),(4):44—45.

罗新璋,陈应年.(2009).翻译论集[G].修订本.北京:商务印书馆.

吕俊.(2007).翻译批评的危机与翻译批评学的孕育[J].外语学刊,

(1):134.

孟凡君.(2011).生态翻译学视野下的当代翻译研究[J].生态翻译学学刊,(1):73.

孟志刚,陈晦.(2001).从关联理论看对等原则的局限性[J].湖北大学学报,(3):71—74.

孟志刚,熊前莉.(2012).中国认知翻译学研究20年[J].湖北科技学院学报,(11):104—107.

苗菊,朱琳.(2010).认知视角下的翻译思维与翻译教学研究[J].外语教学,(1):98—103.

穆雷.(1999).中国翻译教学研究[M].上海:上海外语教育出版社.

[美]内格尔.(2002).科学的结构[M].徐向东,译.上海:上海世纪出版集团译文出版社.

牛秀兰.(1991).关于"是……的"结构句的宾语位置问题[J].世界汉语教学,(3):175—178.

彭建武.(2000).从认知图式看翻译理解[J].山东科技大学学报(社会科学版),(2):64—66.

彭建武.(2005).认知语言学研究[M].青岛:中国海洋大学出版社.

彭开明,杜成,徐建英.(2006).认知图式理论在翻译建构中的意义及其具体运用[J].南昌大学学报(人文社会科学版),(5):121—124.

钱春花.(2012).翻译能力构成要素及其驱动关系分析[J].外国语,(3):59—65.

钱冠连.(2000).外语研究创新策略[J].外语与外语教学,(1):10—14.

邱文生.(2010).认知视野下的翻译研究[M].厦门:厦门大学出版社.

芮敏.(2000).关联理论与口语理解策略[J].四川外语学院学报,(3):100—103.

沈家煊.(2008).三个世界[J].外语教学与研究,(6):403—408.
沈家煊.(2009a)."计量得失"和"计较得失"——再论"王冕死了父亲"的句式意义和生成方式[J].语言教学与研究,(5):15—22.
沈家煊.(2009b).认知与汉语语法研究[M].北京:商务印书馆.
师琳.(2011).从认知语言学角度看强势文化对翻译的影响[J].外语教学,(6):109—112.
石英.(2005).隐喻的认知及其翻译方法探讨[J].西南民族大学学报(人文社科版),(8):357—359.
石毓智.(2007a).语言学假设中的证据问题——论"王冕死了父亲"之类句子产生的历史条件[J].语言科学,(4):39—51.
石毓智.(2007b).构造语法理论关于construction定义问题研究[J].重庆大学学报(哲学社会科学版),(1):108—111.
石毓智.(2007c).结构与意义的匹配类型[J].解放军外国语学院学报,(5):1—6.
史密斯,威尔逊.(1983).现代语言学[M].李谷城,等译.北京:外语教学与研究出版社.
斯佩曼.(2007).认知心理学新进展[M].北京:北京师范大学出版社.
宋德生.(2005).认知的体验性对等值翻译的诠释[J].中国翻译,(5):21-24.
宋志平.(2004).翻译:选择与顺应——语用顺应论视角下的翻译研究[J].中国翻译,(2):19—23.
孙桂英.(2006)."关联翻译理论"视角中的互文性翻译[J].山东外语教学,(1):109—112.
孙毅.(2012).两代认知科学的分水岭——体验哲学寻绎[J].宁夏社会科学,(3):115—123.
谭业升.(2001).建构主义翻译教学刍议[J].山东外语教学,(4):13—16.
谭业升.(2010).转喻的图式——例示与翻译的认知路径[J].外语

教学与研究,(6):465—471.

谭业升. (2012a). 翻译教学的认知语言学观 [J]. 外语界,(3):66—73,88.

谭业升. (2012b). 认知翻译学探索:创造性翻译的认知路径与认知制约 [M]. 上海:上海外语教育出版社.

谭业升,葛锦荣. (2005). 隐喻翻译的认知限定条件——兼论翻译的认知空间 [J]. 解放军外国语学院学报,28(4):59—63.

谭载喜. (2011). 翻译与翻译原型 [J]. 中国翻译,(4):14—17.

陶李春,胡庚申. (2016). 贯中西、适者存:生态翻译学的兴起与国际化 [J]. 中国外语,(5):92—97.

陶友兰. (2013). 我国翻译专业教材建设:理论构建与对策研究 [M]. 上海:上海外语教育出版社.

王斌. (2000). 关联理论对翻译解释的局限性 [J]. 中国翻译,(4):13—16.

王斌. (2002). 隐喻系统的整合翻译 [J]. 中国翻译,(2):24—28.

王德丽. (1999). 翻译中的认知心理差异与语境的思维耦合 [J]. 外语研究,(3):49—50.

王宏印. (2000). 英汉翻译综合教程 [M]. 大连:辽宁大学出版社.

王宏印. (2003). 中国传统译论经典诠释——从道安到傅雷 [M]. 武汉:湖北教育出版社.

王宏印. (2006). 文学翻译批评论稿 [M]. 上海:上海外语教育出版社.

王还. (1990). "差(一)点"和"差不多" [J]. 语言教学与研究,(1):11—12.

王惠. (2005). 从构式语法理论看汉语词义研究 [J]. 中文计算语言学期刊,10(4):495—507.

王建国. (2004). 从翻译研究看关联理论语境观和系统功能语言学语境观 [J]. 外国语言文学,(1):52—56.

王娟. (2016). 国外翻译过程实证研究中的眼动跟踪方法述评 [J]. 外语学刊, (4): 124—129.

王克非. (1994). 关于翻译批评的思考——兼谈《文学翻译批评研究》 [J]. 外语教学与研究, (3): 35—38.

王克非. (2004). 双语平行语料库在翻译教学上的用途 [J]. 外语电化教学, (100): 27—32.

王克非. (2006). 语料库翻译学——新研究范式 [J]. 中国外语, (3): 8—9.

王明树. (2010). 翻译中的"主观化"对等 [J]. 外语学刊, (1): 41—44.

王宁. (2011). 生态文学与生态翻译学:解构与建构 [J]. 中国翻译, (2): 10—15.

王树槐,王若维. (2008). 翻译能力的构成因素和发展层次研究 [J]. 外语研究, (5): 80—88.

王甦, 汪安圣. (1992). 认知心理学 [M]. 北京: 北京大学出版社.

王甦, 汪安圣. (2006). 认知心理学(重排本) [M]. 北京: 北京大学出版社.

王天翼,王寅. (2010). 从"意义用法论"到"基于用法的模型" [J]. 外语教学, (6): 6—9.

王寅. (2005). 认知语言学的翻译观 [J]. 中国翻译, (5): 15—20.

王寅. (2006). 国外构造语法研究的最新动态 [J]. 现代外语, (2): 197—202.

王寅. (2007). 认知语言学 [M]. 上海: 上海外语教育出版社.

王寅. (2008a). 认知语言学的"体验性概念化"对翻译中主客观性的解释力———项基于古诗《枫桥夜泊》40篇英语译文的研究 [J]. 外语教学与研究, (3): 211—217.

王寅. (2008b). 认知语言学的"体验性概念化"对翻译主客观性的解释力 [J]. 外语教学与研究, (3): 211—217.

王寅. (2011a). 构式语法研究(上卷)[M]. 上海：上海外语教育出版社.
王寅. (2011b). 构式语法研究(下卷)[M]. 上海：上海外语教育出版社.
王寅. (2011c). 认知构式语法[J]. 外语学刊, (2)：28—34.
王寅. (2012). 认知翻译研究[J]. 中国翻译, (4)：17—23.
王寅. (2013). 认知翻译学与识解机制[J]. 语言教育, (1)：52—57.
王寅. (2017). 基于认知语言学的翻译过程新观[J]. 中国翻译, (6)：5—10.
王颖频. (2013). 语用顺应论对翻译活动的启示[J]. 外语教学, 专刊：248—251.
王颖频. (2015). 动态顺应：译者主体性的发挥与制约[J]. 上海翻译, (4)：76—79.
王治河, 樊美筠. (2011). 第二次启蒙[M]. 北京：北京大学出版社.
魏志成. (2004). 英汉比较翻译教程[M]. 北京：清华大学出版社.
温秀颖. (2007). 翻译批评——从理论到实践[M]. 天津：南开大学出版社.
文军. (2005). 翻译课程模式研究——以发展翻译能力为中心的方法[M]. 北京：中国文史出版社.
文旭. (2007). 语义、认知与识解[J]. 外语学刊, (6)：36.
吴波. (2006). 论译者的主体性[M]. 北京：外文出版社.
吴波. (2008). 认知语言学的翻译观及其对翻译能力培养的启示[J]. 四川外语学院学报, (1)：56—60.
吴义诚. (2000). 翻译研究的认知取向[J]. 外国语, (5)：55—61.
吴赟. (2015). 翻译能力建构与中译外人才培养[J]. 外语学刊, (1)：148—153.
奚永吉. (2001). 文学翻译比较美学[M]. 武汉：湖北教育出版社.
肖辉, 王克明, 胡美珠. (2005). 内部词汇模式与语境、认知、图式视阈下词的翻译[J]. 上海翻译, (4)：63—66.
肖建军, 王志军. (2000). 认知在翻译过程中的功能与作用[J]. 吉首大学学报(社会科学版),21(2):23—25.

肖开容,文旭.(2012).翻译认知过程研究的新进展[J].中国翻译,(6):5—10,127.

肖坤学.(2005).论隐喻的认知性质与隐喻翻译的认知取向[J].外语学刊,(5):101—105.

肖坤学,邓国栋.(2006).认知语言学理论框架下的转喻翻译研究[J].外语与翻译,(3):30—36.

肖维青.(2007).多元动态翻译批评的建构性研究[D].上海:上海外国语大学.

肖维青.(2010).翻译批评模式研究[M].上海:上海外语教育出版社.

晓风.(1994).文学翻译批评:对理论建构的期待——评许钧著《文学翻译批评研究》[J].南京大学学报(哲学·人文科学·社会科学),(2):180—182.

谢新云,戈玲玲.(2008).关联理论和广告翻译[J].内蒙古农业大学学报(社会科学版),(1):309—311.

熊沐清.(2013).界面研究的涵义、学科意义及认知诗学的界面性质[J].外国语文,(5):11—17.

熊沐清.(2015).文学批评的认知转向——认知文学研究系列之一[J].外国语文,(6):1—9.

熊学亮.(2007).英汉语双宾构式探析[J].外语教学与研究,(5):345—350.

徐杰.(1999a)."打碎了他四个杯子"与约束原则[J].中国语文,(3):185—191.

徐杰.(1999b).两种保留宾语句式及相关句法理论问题[J].当代语言学,(1):16—29,61.

徐苹.(1983).借代在意译中的应用[J].中国翻译,(5):20—23.

徐盛桓.(2009).成语为什么可能[J].外语研究,(2):1—7,112.

徐友渔.(1997).精神生成语言[M].成都:四川人民出版社.

许钧. (1992). 文学翻译批评研究 [M]. 南京: 译林出版社.

许钧. (1998). 翻译思考录 [M]. 武汉: 湖北教育出版社.

许钧, 袁筱一. (1995). 为了共同的事业——《红与黑》汉译读者意见综述 [N]. 文汇读书周报, 1995–07–01.

许钧, 袁筱一. (1996). 文字·文学·文化——《红与黑》汉译研究 [M]. 南京: 南京大学出版社.

许钧, 周领顺. (2015). 当前译学界应该关注的若干倾向 [J]. 山东外语教学, (4): 96—100.

严辰松. (2008). 从"年方八十"说起再谈构式 [J]. 解放军外国语学院学报, (6): 1—5.

颜林海. (2008). 翻译认知心理学 [M]. 北京: 科学出版社.

颜林海. (2014). 试论认知翻译操作模式的建构 [J]. 外语与外语教学, (2): 9—14.

杨梅, 白楠. (2010). 国内语料库翻译研究现状调查——基于国内学术期刊的数据分析(1993—2009) [J]. 中国翻译, (6): 46—50.

杨晓荣. (1993). 对翻译评论的评论 [J]. 中国翻译(4): 19—23.

杨晓荣. (2005). 翻译批评导论 [M]. 北京: 中国对外翻译出版公司.

杨自俭, 刘学云. (1994). 翻译新论 [M]. 武汉: 湖北教育出版社.

姚振军. (2014). 认知翻译学视野下的翻译批评 [J]. 外语与外语教学, (2): 15—19.

于建平. (2006). 从语言体验观分析汉英翻译的认知能力 [J]. 中国翻译, (6): 34—37.

于艳红. (2005). 隐喻的认知与翻译 [J]. 语言与翻译, (1): 53—56, 71.

张美芳. (2005). 翻译研究的功能途径 [M]. 上海: 上海外语教育出版社.

张敏. (1998). 认知语言学与汉语名词短语 [M]. 北京: 中国社会科学出版社.

张南峰. (2004). 中西译学批评 [M]. 北京: 清华大学出版社.

张绍杰.（2015）.语言研究中的思辨与实证［J］.当代外语研究，(5)：1—4, 34.

张威.（2011）.口译认知研究：同声传译与工作记忆的关系［M］.北京：外语教学与研究出版社.

张蓊荟.（2006）.翻译的认知隐喻观［J］.外语与外语教学，(6)：53—55.

张莹.（2007）.翻译学科世纪末的转向［J］.中国翻译，(6)：19—23.

张泽乾.（1988）.翻译过程的理性探索［J］.外语研究，(4)：18—21.

张志慧.（2009）.奥巴马获胜演讲中转喻的解读与翻译［J］.中国科技翻译，(2)：52—55.

赵登明，丁瑶.（2002）.翻译过程中保留复合词比喻形象的可能性［J］.中国翻译，(4)：36—37.

赵彦春.（1999）.关联理论对翻译的解释力［J］.现代外语，(4)：276—295.

郑冰寒.（2008）.翻译过程的三元数据分析模式［J］.上海翻译，(3)：36—41.

郑小薇.（2011）.从认知语言学视角探索翻译教学中的译者主体性［J］.外国语文，27 (1)：97—102.

钟勇.（2014）.四种典型思潮指导下的翻译实践及结果比较［J］.中国翻译，(1)：102—108.

仲伟合，王斌华.（2010）.口译研究方法论——口译研究的学科理论建构之二［J］.中国翻译，(6)：18—24.

周晶，何元建.（2010）.归化作为一种翻译策略的运用及其认知基础［J］.中国翻译，(6)：58—63.

周明强.（2005）.现代汉语实用语境学［M］.杭州：浙江大学出版社.

周仪，罗平.（1999）.翻译与批评［M］.武汉：湖北教育出版社.

朱芳.（2007）.试论翻译批评主体的多样性［J］.云梦学刊，(S1)：92—93.